L'ENSEIGNEMENT DU DALAÏ-LAMA

Tenzin Gyatso

« Spiritualités vivantes »
SÉRIE BOUDDHISME TIBÉTAIN

L'enseignement du Dalaï-Lama

Traduit du tibétain
par Gonsar Tulku,
Georges Dreyfus et Anne Ansermet

Albin Michel

Collection « Spiritualités vivantes »
fondée par Jean Herbert

Nouvelles séries dirigées par
Marc de Smedt

Première édition

Nouvelle édition de poche

Éditions Albin Michel S.A., 1987
22, rue Huyghens - 75014 Paris

ISBN : 2-226-02646-X
ISSN : 0755-1746

INTRODUCTION

Il y a dix ans que ce livre a été édité pour la première fois ; depuis ce temps, la diaspora tibétaine a été mieux connue ainsi que la personnalité des Tibétains. Leur caractère naturellement ouvert et enjoué et leur adaptation courageuse à l'exil les ont fait apprécier de leurs pays d'accueil. La personne de Sa Sainteté le Dalaï-Lama, elle aussi, est devenue plus familière à l'Occident, parallèlement à l'extension rapide du Bouddhisme dans laquelle elle occupe une position centrale. Si, pour les Tibétains, le Dalaï-Lama est le symbole de leur patrie perdue et de leur foi gardée, pour les Occidentaux, il est le protecteur qui ouvre l'accès au vaste enseignement bouddhique.

Du fait des multiples tâches qui lui sont imposées par son double rôle temporel et spirituel, il n'est pas très facile d'obtenir une audience privée du Dalaï-Lama. Mais dès qu'il le peut, il vous accueille et on se sent immédiatement en confiance. Il est simple, rayonnant d'amour et aussi de gaieté qu'il exprime par un rire jeune et contagieux. On reconnaît la convenance du nom que les

Tibétains lui donnent quand ils en parlent entre eux : Kündoun qui signifie Présence. C'est en effet le secret du Dalaï-Lama de savoir donner à chaque être toute son attention, tout son intérêt, et de permettre à chacun de se sentir personnellement soutenu et aidé.

Sa pensée est rapide et sa parole concise, les réponses que l'on attend sont toujours claires, nettes, précises et jaillissent en peu de mots après un instant de réflexion. Le Dalaï-Lama, Gyalwa Rimpoché, ne parle que s'il a quelque chose à dire et ne dit que la vérité.

S'il peut affronter avec sérénité les nombreux problèmes de la vie en exil du peuple tibétain, c'est parce que le Dalaï-Lama est un moine parfait et que sa pensée, ses paroles et ses actes sont constamment inspirées du plus haut idéal mahâyâna.

Son enseignement a une saveur spéciale. Il peut ouvrir l'esprit de ses auditeurs à une compréhension à laquelle ils seraient incapables d'accéder par eux-mêmes, car il a tout d'abord réalisé ce qu'il enseigne. Lui-même a dit : « Celui qui enseigne ne devrait parler que de ce qu'il a expérimenté ; une simple énumération de données théoriques ne procurera que peu d'encouragement et ne sera pas une base suffisante pour l'étude du Dharma. Si ce que je vous dis s'accorde avec une expérience vécue, cela vous donnera, j'en suis sûr, force et inspiration. »

Cet enseignement profond n'est pas, cependant, facile à approcher pour l'Occidental placé dans un milieu si différent. Dans les pays bouddhiques et particulièrement au Tibet, l'attitude bouddhique est l'aspect religieux de la trame sociale ; l'imprégnation naturelle du Dharma dans l'existence quotidienne impose une échelle de valeurs pour les idées et pour les personnes. Cette influence vient du développement historique du Bouddhisme au Tibet, elle permet un enseignement basé sur la relation du maître au disciple sans que celle-ci se transforme obligatoirement en un culte de la personnalité. Ce contexte naturel n'existant pas pour les Occidentaux, il y aurait grand danger, pour eux, à se calquer artificiellement sur les conditions innées des pays bouddhiques et à ne s'occuper que d'une pratique privée sous la direction d'un maître. Pour parer à ce danger il faut tout d'abord qu'ils se situent dans l'ensemble de la tradition bouddhique en étudiant les textes fondamentaux de cette tradition.

Il y a deux aspects dans l'approche du Bouddhisme : l'étude de la doctrine, puis sa mise en pratique.

Dans ces deux approches, l'apport du Dalaï-Lama au développement du Bouddhisme en Occident est extrêmement important. La personne du Dalaï-Lama est précieuse car il représente le Bouddhisme dans son intégralité. Il ne se limite pas à l'une des quatre traditions existant au Tibet : celle des Nyingma-pa, la plus ancienne; celle des Sakya-pa, l'école de la transmission orale des Kagyu-pa et l'école fondée par Je Tsong Khapa, celle des Gelug-pa. Le Dalaï-Lama participe à toutes et par cela il a un sens de l'universalité qui devrait être un modèle pour le développement du Bouddhisme en Occident. La manière d'enseigner du Dalaï-Lama montre bien quelle devrait être l'attitude bouddhique dans le contexte occidental.

Lors de sa visite à Digne, en 1986, il a dit : « Je vous donne une présentation générale de la doctrine, ce qui est très important et beaucoup plus difficile que d'indiquer une technique particulière de méditation. » Il a souligné la manière dont on devait accueillir l'enseignement du Bouddha en rappelant une de ses citations qui se trouve d'ailleurs dans ce livre : « Ô moines et hommes sages, comme on éprouve l'or en le frottant, le coupant et le fondant, ainsi jugez de ma parole et si vous l'acceptez que ce ne soit pas par simple respect. » Donc l'attitude que le Bouddha lui-même recommande est la libre investigation personnelle de son enseignement.

Lorsque cet enseignement est proposé, il faut l'examiner soigneusement et objectivement pour savoir s'il peut être adopté ou non. Si on l'accepte, c'est parce qu'on le sent juste et profitable et non pas pour d'autres raisons.

On peut être guidé dans cet examen par les « Quatre Confiances » qui sont exposées dans le Mahâyâna-Sûtra-Lamkâra et que Sa Sainteté le Dalaï-Lama cite dans « La Clef du Mâdhyamika » (page 133).

On doit déduire de la première que ce n'est pas parce qu'on admire la personne qui enseigne ou qu'il s'agit de quelqu'un de grande réputation qu'il faut croire aveuglément en ce qu'il dit, mais en se basant sur l'enseignement lui-même. Le maître est important et nécessaire, bien entendu, car c'est lui qui transmet la tradition et c'est par lui qu'on peut la recevoir, mais la doctrine prime et l'enseignement doit être jugé sur son contenu. L'auditeur a la responsabilité de l'accepter et de le mettre en pratique, il doit l'analyser et réfléchir par lui-même et ne peut pas abdiquer cette responsabilité.

La seconde « confiance » met en garde contre la tendance que l'on peut avoir à se laisser influencer par des expressions plaisantes ou par la facture parfaite d'un discours. Seul son contenu profond est ce que l'on a à juger.

La signification « interprétable », qui est notée dans la troisième « confiance », définit les discours du Bouddha ou même de certains grands maîtres qui ne sont pas doctrinaires. Ils peuvent emprunter parfois des voies détournées pour amener certaines personnes à des réalisations qu'elles ne pourraient pas obtenir par un enseignement direct. Ces discours sont prononcés par compassion pour répondre à des besoins divers. Mais lorsqu'on veut trouver la vérité de cet enseignement, on ne s'arrêtera pas à ce sens provisoire, et on en cherchera le sens profond et direct. Lorsqu'on aura trouvé le sens définitif de cet enseignement, il faudra en dépasser la compréhension intellectuelle par la méditation et arriver à la saisie non conceptuelle de ce sens.

La réflexion, l'investigation, les analyses conduites de cette manière et l'expérience qui en découle constituent l'attitude générale à avoir envers l'enseignement bouddhique, car on ne naît pas bouddhiste, on le devient par une telle compréhension. C'est là le premier aspect de l'approche du Bouddhisme.

Mais il ne suffit pas d'une compréhension générale de l'enseignement, elle est la base à acquérir à partir de laquelle on le mettra en pratique par des techniques méditatives particulières qui permettront de le réaliser. A ce moment-là, l'importance du maître devient prépondérante dans le choix du chemin à suivre pour lequel l'aide et les conseils d'une personne expérimentée sont indispensables.

La pratique dirigée est donc le second aspect de l'approche du Bouddhisme. Il est présenté dans ce livre par « Le Chemin du Bodhisattva », enseignement donné par Sa Sainteté le Dalaï-Lama à Bodh Gaya, en 1974, au moment d'une initiation de Kalachakra à laquelle assistaient plus de cent mille Tibétains, venus de tous les centres de réfugiés de l'Inde, du Népal, du Sikkim, du Bhutan et même d'Europe et d'Amérique, ainsi qu'un certain nombre d'Occidentaux.

A cette occasion, le Dalaï-Lama a rappelé à tous ces bouddhistes les points principaux du Dharma Mahâyâna et a permis aux traducteurs d'enregistrer ses propos pour les rendre accessibles aux lecteurs de langue française.

« Les Trente-Sept Pratiques des Fils de Bouddha » (ou des Bodhisattva) sont exposées dans un texte versifié du Lama Thogsmed bzang-po (1245-1369), écrit dans une caverne près de la ville de dNgul-chuhirinchen au Tibet. Ce texte a servi de base et de prétexte au Dalaï-Lama pour résumer la pratique du Dharma-Mahâyâna.

Son thème principal est Bodhichitta. Bodhichitta signifie littéralement l'Esprit d'Eveil, soit l'esprit éveillé au désir de devenir Bouddha selon l'idéal Mahâyâna, c'est-à-dire dans le but d'aider tous les êtres vivants à sortir de l'état de conscience samsârique pour accéder à l'état d'Illumination, de complète Libération. Le second aspect de Bodhichitta est le développement de l'esprit d'aide, d'amour et de compassion envers tous les êtres vivants.

« La Clef du Mâdhyamika » expose la thèse centrale du Mâdhyamika, la philosophie du Chemin du Milieu de Nâgârjuna, telle qu'elle a été interprétée par Chandrakīrti et les autres maîtres de la tradition Prasangika. Cette interprétation du Mâdhyamika est regardée par la plupart des maîtres tibétains comme reflétant le plus fidèlement la pensée de Nâgârjuna. Sa Sainteté nous présente les points essentiels de cette vue qui comprend que les phénomènes ne sont ni non existants ni intrinsèquement existants, mais demeurent dans le juste milieu.

Georges DREYFUS
et Anne ANSERMET

1

LE CHEMIN DU BODHISATTVA

Que nous soyons de race blanche, jaune ou noire, quelle que soit notre classe sociale et quel que soit notre âge, nous avons tous, êtres humains et même les animaux, et jusqu'au plus petit insecte, le sentiment que nous sommes un « moi ». Si nous ne comprenons pas la nature de ce moi, nous savons pourtant tous ce qu'il désire : éviter la souffrance et obtenir le bonheur ; nous nous en sentons le droit, et nous l'avons. Les manifestations de l'état de souffrance sont innombrables et extrêmement variées et de toutes nous cherchons à nous protéger. Les animaux font de même, et dans ce sens ils sont tout à fait semblables à nous. Mais ils ne savent pas prévoir et manquent de méthodes pour se préserver du mal. Donc si la base de notre motivation est la même — éviter la souffrance, obtenir le bonheur —, nos moyens humains de l'accomplir sont multiples. Sont aussi multiples dans leur apparence les bonheurs que nous recherchons, mais leur base est la même.

Notre concept du « moi » s'élargit : nous voulons obtenir le bonheur pour notre famille, « ma » famille, pour « mes » amis, pour « ma » patrie. Puis, ce que nous appelons bonheur et souffrance prend un sens plus vaste et plus profond. Après la simple satisfaction des nécessités les plus immédiates, notre notion du « bonheur » se modifie et les moyens de l'obtenir se compliquent. La création du langage, de l'écriture, l'éducation et l'instruction, les divers systèmes sociaux, l'artisanat, les écoles et les hôpitaux, les usines, les progrès médicaux, tout provient de cet unique désir de base : obtenir le bonheur, éviter la souffrance. La vie entière du monde est impliquée dans cette quête. Les philosophies cherchent à répondre aux questions qu'elle pose et à expliquer pourquoi elles se posent ; examinant quelle est notre nature, quelle est la structure du monde, elles veulent découvrir la cause réelle de ce bonheur et de cette souffrance et leur trouver une solution.

Certaines philosophies se sont systématisées sur le plan social et dans une action politique. Le communisme, par exemple, pense que l'obtention du bonheur et le rejet de la souffrance pourront être obtenus par un système d'égalité parmi les hommes, où la prépondérance d'une classe sociale, minorité exploitant la majorité, n'existera plus. Les religions essaient de résoudre cet éternel problème en en expliquant la cause selon leurs divers points de vue.

On peut diviser en doctrinaires ceux qui cherchent une réponse dans des principes causaux et généraux et en non-doctrinaires, ceux qui cherchent une solution pratique sur le plan social et matériel. Dans ce sens, le Dharma du Bouddha est doctrinaire.

Nous pouvons constater que les souffrances du corps viennent souvent de l'esprit, ou que, à souffrance corporelle égale, un esprit paisible et heureux souffre beaucoup moins qu'un esprit agité et inquiet. Nous pouvons constater aussi que bien des personnes, ayant une grande fortune, étant comblées de tout ce que le bien-être matériel peut apporter, sont dépressives, angoissées et malheureuses... alors que d'autres, dont la vie pratique est tissée de divers ennuis, ayant un esprit heureux, étant paisibles intérieurement, donnent l'impression d'une grande sérénité. Quelqu'un dont l'esprit est lucide, ouvert, équilibré, prévoira l'attitude qu'il aura en face d'inévitables difficultés et restera dans la paix même si de grands malheurs lui arrivent, tandis qu'un esprit borné, agité et inquiet, non réfléchi sera tout de suite déconcerté et sans ressources devant le plus petit imprévu désagréable. L'esprit est beaucoup plus important que le corps. Donc, si l'état de notre esprit nous permet de supporter et même de ressentir nos souffrances physiques soit beaucoup plus, soit beaucoup moins, cela montre que nous devons attacher une grande importance à notre manière de penser. La « préparation » de notre esprit est donc extrêmement importante et la pratique du Dharma est une excellente préparation. Oublions pour l'instant la loi du karma et la vie prochaine et ne considérons que les fruits que la pratique du Dharma peut nous apporter dans cette existence-ci. Notre esprit et surtout celui des autres en récolteront les fruits. Par un esprit noble, pur et généreux nous répandrons la joie autour de nous, nous en ressentirons une grande paix et nous pourrons la communiquer aux autres.

Regardons autour de nous ce monde que l'on appelle « civilisé » et qui depuis plus de deux mille ans a cherché à obtenir le bonheur et à éviter la souffrance ; il l'a fait par de faux moyens : par la tromperie, la corruption, la haine, l'abus du pouvoir et l'exploitation des êtres. Il n'a cherché qu'un bonheur individuel et matériel, en opposant les individus les uns aux autres, les races les unes aux autres, les systèmes sociaux les uns aux autres ; il a abouti à une période de peur, de souffrance, de meurtre, de famine. Si en Inde, en Afrique et dans d'autres pays la misère et la famine peuvent régner, ce n'est pas que les richesses naturelles manquent, ce n'est pas que les moyens d'amener un bien-être durable fassent défaut. Mais chacun a cherché son propre profit sans crainte d'opprimer les autres pour ce but égoïste, et ce triste et pitoyable monde en est résulté. La racine de cette civilisation est pourrie, le monde souffre et, s'il continue dans cette voie, il souffrira de plus en plus.

Certaines personnes possédant un bagage intellectuel et culturel important et pensant certainement avoir l'esprit large, croient que le Dharma est sans utilité ou qu'il n'est bon que pour ceux qui vivent dans des régions frustes et isolées.

Mais qu'est-ce que le Dharma ? Ce n'est évidemment pas porter un costume spécial, construire des monastères et s'adonner à des rites compliqués... Ceci peut accompagner la pratique du Dharma, mais n'est, en aucune façon, le Dharma. La vraie pratique du Dharma est intérieure ; c'est un esprit paisible, ouvert et généreux, un esprit que l'on a su dompter, qui est complètement contrôlé.

Si même l'on pouvait réciter par cœur tout le Tripitaka, mais qu'on soit égoïste et qu'on fasse du mal aux autres, on ne pratiquerait pas le Dharma.

La pratique du Dharma est celle qui permet d'être vrai, fidèle, honnête, humble..., d'aider et de respecter les autres et de se sacrifier pour eux. Chercher à accumuler des possessions ou à obtenir un meilleur niveau social n'amènera ni confiance ni paix. Devant les puissants de ce monde, certaines gens s'inclinent bien bas, les flattent de leur mieux, mais derrière eux ils les critiquent et les méprisent. Ceux qui excitent l'envie n'ont souvent pas de tranquillité d'esprit et sont inquiets et tourmentés à l'idée de perdre ce qu'ils ont pu acquérir au prix de difficultés. Lorsque nous mourrons, nous devrons tout laisser derrière nous, même les plus solides placements bancaires qui nous auront donné tant de soucis. Nous devrons aussi laisser nos parents, nos amis. Si notre vie n'a pas été honnête nous pourrons en ressentir un grand repentir, mais nous ne pourrons en tout cas pas profiter du « fruit » de notre malhonnêteté. Nous devrons laisser notre corps. Mon corps aussi, celui de Tenzin Gyatso, je devrai le laisser, et ma robe de moine que je n'ai jamais quittée, même pour une seule nuit ; donc nous laisserons tout, et si nos seules possessions ont été matérielles et égoïstes nos derniers moments seront troublés par l'inquiétude et la tristesse.

Discipliner son esprit, renoncer au superflu, vivre en harmonie avec les autres et avec soi-même nous assurera le bonheur, même si notre vie quotidienne est médiocre, même si nous tombons dans la misère, car nous aurons été bons et bienveillants et les autres nous aideront : nous ne devons pas oublier que dans l'être humain le plus perverti et le plus cruel, tant qu'il est un être humain, existe une petite graine d'amour et de compassion qui fera de lui, un jour, un Bouddha.

Maintenant nous devons penser aussi à notre vie prochaine. La loi du karma n'est pas aisée à comprendre, non plus que la réincarnation. Mais si nous analysons très profondément les données de l'existence, avec un esprit honnête et sans parti pris, nous les comprendrons. Et nous nous en référerons aussi aux enseignements du Bouddha qui a affirmé la réincarnation. Tout ce qui arrive, individuellement ou collectivement, arrive par la loi du karma ; le bon chemin que nous aurons suivi donnera ses fruits pour la vie suivante, l'effort que nous aurons fourni permettra d'obtenir un esprit noble et pur. Votre venue ici prouve mes paroles, car vous êtes venus pour obtenir un enseignement concernant le Dharma, ce qui montre que pour vous le Dharma a un sens. Dharma équivaut à noblesse, et c'est pourquoi, si quelqu'un rejette le Dharma, c'est qu'il n'en comprend pas le sens. Le Dharma est la seule possibilité d'obtenir le bonheur.

Chaque religion a un Dharma : parmi eux, le Dharma du Bouddha a été enseigné par Gautama Bouddha. Mille Bouddha doivent apparaître dans ce kalpa, Gautama Bouddha est le quatrième. Il a vécu dans le pays où nous nous trouvons en ce moment et c'est à l'endroit même où nous sommes qu'il obtint l'Illumination. Après l'Illumination, Il « tourna la Roue de la Loi » pour la première fois à Sarnath, puis la « tourna » plusieurs fois avant le Parinirvâna. Il a enseigné aussi bien un public ordinaire de gens de compréhension limitée, que des disciples d'esprit plus ouvert. Il a enseigné une assemblée habituelle et une assemblée secrète. Il a enseigné d'autres mondes. Il a enseigné les Déva. Ses enseignements s'étagèrent à différents niveaux allant d'un sens accessible à chacun jusqu'à de vastes profondeurs difficiles à saisir. Ils comprenaient le Hînayâna et le Mahâyâna : le Mahâyâna est supérieur par sa motivation, ses pratiques et son but. Sa motivation est celle du bonheur de tous les êtres vivants à la place de son propre bien-être. La pratique des six ou dix *pâramitâ* l'accompagne et son but ne consiste pas seulement dans la Libération du Samsâra mais dans l'obtention des trois Kâya : Nirmânakâya, Sambhogakâya et Dharmakâya. Le Dharma mahâyâniste comprend les chemins des Pâramitâyâna et Vajrayâna. Ce dernier a diverses qualités qui le rendent supérieur à la seule pratique des *pâramitâ,* mais l'union des deux est très importante.

Nous sommes favorisés parce que de l'Inde le Bouddhisme est arrivé directement au Tibet ; nous avons donc un Dharma authentique et complet. D'après une prophétie du Bouddha, le Dharma doit aller du sud au nord... Tibet, Mongolie, Chine, Japon : il semble que ce trajet est terminé, je ne sais s'il y aura encore un autre nord ! Tout au long de son histoire le Bouddha-Dharma a eu des périodes prospères, et d'autres où il a presque disparu.

Pendant la vie de Gautama Bouddha, le Hînayâna fut très prospère parce qu'il pouvait être enseigné à de nombreux auditeurs, étant de compréhension aisée. Le Mahâyâna qui demandait des esprits mieux préparés était moins populaire et fut enseigné à des disciples plus avancés. C'est pourquoi il a été critiqué, et son existence au début du Bouddhisme a été contestée et l'est même encore aujourd'hui par certains. Cependant il a réellement existé dès le début de la prédication de Gautama Bouddha. Après le Parinirvâna, il semble avoir disparu pour plusieurs siècles. Il se répandit au moment de l'apparition de Nâgârjuna.

Nâgârjuna fut le restaurateur du Mahâyâna. Sa venue avait été prophétisée par Bouddha dans plusieurs sûtra et particulièrement dans le « Manjushrî Mûla Tantra ». Nâgârjuna vécut environ quatre cents ans après le Bouddha et à partir de ce moment, le Mahâyâna a connu une grande diffusion, puis de nouveau, quelques siècles après il dégénéra. Au bout d'un certain temps, le Bouddhisme disparut presque complètement de l'Inde. Depuis son arrivée au Tibet et jusque récemment le Bouddhisme a toujours existé dans notre pays ; il subit une éclipse pendant le règne de Lang-dar-ma pendant environ quatre-vingts ans, mais même pendant ce temps il subsista dans l'Est et l'Ouest du pays. Plus tard aussi il connut des périodes de fléchissement, mais on peut dire que depuis mille ans la pure tradition du Dharma, qui est l'union du Pâramitâyâna et du Tantrayâna, a continué. Nous avons différentes écoles, nommées parfois d'après le temps où elles se sont formées (Nyingma-pa) ou quant aux lieux (Sakya-pa, Kagyu-pa) ou d'après leur fondateur, ou leur enseignement. Toutes ces écoles suivent la même tradition, qui est donc celle de l'union des *pâramitâ* et des Tantra. Il existe des différences mineures dans l'interprétation de cette méthode et dans l'application de certaines pratiques mais l'essence en est la même. La pratique, la méthode de ce Mahâyâna tibétain, l'enseignement unissant les Sûtra et les Tantra vise à l'acquisition de Bodhichitta (l'esprit de Bouddha) ; le désirer est la base du Pâramitâyâna et a son but ultime dans la réalisation de Shûnyatâ. Pour pratiquer le Tantrayâna, il est absolument nécessaire que l'on ait la volonté d'atteindre l'esprit de Bouddha. Bodhichitta donne l'impulsion indispensable au succès de la transformation de notre esprit. Le « chemin » débute par la renonciation à l'état samsârique puis par le développement de l'esprit d'amour et de compassion, stade qui s'appelle le relatif Bodhichitta ; ensuite vient la réalisation de l'ultime nature des choses, la réalisation de Shûnyatâ, ou au moins sa compréhension conceptuelle. Ce n'est qu'après cela qu'on peut aborder le Tantrisme qui compte deux étapes, celle de la « génération », puis celle de l'« accomplissement » qui nous procurera le véritable « fruit ».

Ce fruit ne peut mûrir que par ce processus ; sans les trois bases (renonciation, Bodhichitta, Shûnyatâ), les méditations concernant les divinités (entités du chemin) et les exercices sur les nâdîs non seulement ne serviraient à rien, mais pourraient être nuisibles, même si, techniquement, on savait les pratiquer.

La préparation au développement par le Tantrisme est donc très importante : il faut non seulement comprendre ce que signifient la renonciation, le Bodhichitta et la réalisation de la Vacuité, mais les méditer longuement, s'en imprégner et les intégrer dans notre esprit. Après cela seulement, le chemin tantrique pourra être profitable. La plus essentielle des réalisations préalables est

Bodhichitta et c'est pourquoi je vous donne aujourd'hui l'enseignement du Guru Thogs-med bzang-po.

Il fut un très grand Lama, débordant d'amour et de compassion pour tous les êtres, humble et patient. Il était accompagné d'un loup qui le suivait comme un chien fidèle et dont il avait transformé la nature ; en effet, ce loup était devenu végétarien ! Et lorsque ce maître donnait des enseignements sur Bodhichitta, la souffrance des êtres était si présente à son esprit que des larmes coulaient de ses yeux. Il étudia au Monastère de Sakya et, tardivement, quitta le monde, se retira dans la solitude pour développer encore plus totalement Bodhichitta.

Son enseignement me fut transmis par Koundo Lama (Tenzin Gyaltsen), qui le reçut lui-même de l'abbé du Monastère Dzog-Tchèn.

L'introduction aux « Trente-sept Pratiques des Fils de Bouddha » (ou Bodhisattva) est un hommage s'adressant à Avalokiteshvara, sous le nom de Lokeshvara. Il est l'objet de cet hommage parce que les stances exposant les pratiques des Bodhisattva sont basées sur la grande compassion dont Avalokiteshvara est la source.

Rappelons que les trois « portes » de Bouddha sont Manjushrî (sagesse), Vajrapani (pouvoir) et Avalokiteshvara qui représente la forme collectée de compassion de tous les Bouddha.

Cet hommage s'adresse aussi au Guru parce que, comme l'a dit Atīsha, toutes les qualités, grandes et petites, sont dues au Guru. Très spécialement les qualités mahâyânistes viennent du Guru ; ce n'est que par lui que l'on peut trouver la méthode appropriée à son propre développement et c'est pourquoi nous prenons « Refuge » en lui.

Voici le texte :

« Hommage à Lokeshvara.

« Devant ceux qui, bien qu'ayant vu que tous les phénomènes sont sans « allées » ni « venues », dévouent leurs efforts au seul profit des êtres ; devant ces suprêmes Gurus et devant Vous, Lokeshvara le Protecteur, je me prosterne respectueusement, vous rendant hommage par mes trois portes (corps, parole, esprit).

« Les Victorieux Bouddha de qui proviennent tout bonheur et tous bienfaits, ont atteint leur réalisation par la pratique du Dharma, qui elle-même dépend de la connaissance qu'on en a. Je vais donc expliquer ce que sont les pratiques des Bodhisattva. »

Le Guru auquel s'adresse cet hommage et Avalokiteshvara ne sont pas des êtres ordinaires ; ils forment un « Objet de Refuge » qui possède toutes les réalisations. L'abandon implique non seulement celui des passions et des illusions, mais aussi celui des empreintes les plus légères déposées par elles sur l'esprit.

Même les grands Arhats ne peuvent voir en même temps les deux Vérités : la relative et l'ultime. Ou ils sont méditativement absorbés dans la Vacuité et ne peuvent pas voir les phénomènes d'une manière évidente ; ou ils voient les phénomènes mais ne « voient » pas la Vacuité, même si auparavant ils l'ont réalisée en méditation. Seul un être arrivé à la Nature de Bouddha peut en même temps voir les deux. Il a dû pour cela acquérir le suprême abandon, celui de toutes les empreintes. Il sait qu'il n'y a pas d'aller, pas de venir ; l'ultime Shûnyatâ est immobile.

Pour cette méditation qui unit la réalisation de la Vacuité et la vue de tous les phénomènes, Avalokiteshvara a les qualités qui lui permettent d'aider tous les êtres vivants selon leurs propres capacités et suivant leur état d'éveil. C'est pourquoi je prends Refuge, non seulement aujourd'hui mais pour toujours, totalement, par mes trois portes, en Avalokiteshvara et je lui rends hommage.

Première pratique

La possession de cette base humaine, ce précieux vase si difficile à obtenir, afin de libérer les autres et nous-mêmes de l'océan du Samsâra, permet l'écoute, la réflexion et la méditation, jour et nuit sans distraction, qui sont une pratique des Bodhisattva.

Le vrai bonheur n'arrive que grâce à un vertueux karma, l'accumulation des actes vertueux produisant dans l'esprit des « graines » qui fertilisent d'heureuses possibilités. Le moyen d'éliminer les erreurs est de faire naître en nous l'esprit de Bouddha, Bodhichitta.

Pour atteindre à l'état de Bouddha, la Bouddhéité, il faut apprendre à pratiquer le Dharma, à connaître « ce » qu'il faut abandonner et « ce » que nous devons faire ; et pour cela un « précieux » corps humain est nécessaire. Pendant que je donne cet enseignement, il y a autour de nous beaucoup d'animaux ; théoriquement ils devraient pouvoir l'entendre, mais leur état d'animal les en empêche, ils ne peuvent rien comprendre. Nous avons la chance d'avoir obtenu cette base indispensable qu'est une vie humaine. Nous l'avons obtenue dans un pays où le Dharma fleurit, nous avons la possibilité de lire, d'écouter, de penser, même de discriminer. Nous avons donc toutes les facilités requises pour pratiquer le Dharma. Si parmi vous il y a quelqu'un de très vieux et qui ne sait ni lire ni écrire, il peut tout de même écouter et comprendre quelques phrases concernant le Dharma. Un corps très vieux et usé est encore un « précieux » corps humain, plus précieux que le plus beau corps d'un animal jeune et sain. La vie humaine est d'une grande valeur, car bien qu'il y en ait plusieurs millions sur cette terre, les possibilités de l'obtenir sont rares. Nous l'avons en ce moment, et en plus, nous autres Tibétains et ceux qui sont en rapport avec nous pouvons connaître le Dharma complet, le Mahâyâna tantrique. Ne laissons pas échapper cette chance ; nous serions aussi absurdes que quelqu'un d'affamé qui va, pourvu d'argent, dans un marché bien achalandé et qui en revient les mains vides. Que nous soyons jeunes ou vieux, chacun de nous doit faire l'effort nécessaire pour ne pas gaspiller cette « précieuse » vie humaine.

Cette vie humaine, si difficile à trouver et si aisée à perdre, nécessite des conditions dont certaines sont les actions vertueuses faites dans la vie précédente, non pas d'isolées et superficielles bonnes actions, mais des actions vertueuses fréquentes et répétées. C'est maintenant et non demain ou plus tard que nous devons accumuler une grande quantité de mérites. Nos mérites sont rapidement détruits par la moindre petite faute d'orgueil, d'animosité, d'égoïsme, sentiments que nous avons tous et qui nous envahissent promptement à la moindre occasion. Il est donc très douteux que les mérites du passé, par lesquels nous avons obtenu cette vie-ci soient restés intacts.

Renouvelons-les, augmentons-les sans penser au « capital » que nous pensons avoir acquis.

Il est possible pour chacun de pratiquer le Dharma, car cela n'implique pas l'obligation de tout sacrifier et d'aller méditer dans une caverne. Nous pouvons pratiquer le Dharma dans notre vie quotidienne en gardant dans le monde certaines activités non mondaines. Il faut avoir l'esprit noble, bienveillant, ouvert, pas agité, ni combatif et qui permettra, quand les circonstances extérieures seront propices, d'avancer plus rapidement sur le Chemin. Commencez dès ce soir, n'attendez pas plus tard. Veillez aux petits défauts qui paraissent inoffensifs à première vue ; par exemple veillez même aux plus petits mensonges : des gens mentent à tout propos, sans penser à mal et même sans s'en apercevoir. Ce sont des tendances karmiques ; il faut s'en défaire petit à petit et ne pas se décourager. Ne dites pas : « Le Dharma est trop grand pour moi, je suis un pécheur. » Nous sommes tous de pauvres pécheurs et nous allons pourtant dès ce soir essayer de changer un peu. Moi aussi je vais dès maintenant regarder ce qui reste de faux en moi. Faites de même et ne laissez pas les choses aller comme avant avec l'excuse d'être incapable.

Pratiquer le Dharma, c'est éliminer graduellement les erreurs et augmenter les vraies qualités, pour finir par acquérir les suprêmes ;

à ce moment-là notre habileté à aider tous les êtres vivants sera parfaite. La Bouddhéité provient de la pratique du Dharma et cet état est le seul qui puisse nous procurer l'ultime et vrai bonheur ; pour connaître ce fruit parfait de la pratique du Dharma nous avons l'exemple des Bodhisattva et des Bouddha. Mais suivre ce chemin n'est pas avoir une connaissance uniquement intellectuelle du Dharma ; les qualités nécessaires ne se développent que par la pratique et donc l'important est de savoir « ce » qu'il faut mettre en pratique.

Arriver à la pratique parfaite nous permet d'aider les êtres vivants suivant leurs capacités. Cette perfection est en Avalokiteshvara et c'est pourquoi, suivant le texte : « Je prends Refuge en Lui, non seulement aujourd'hui, mais pour toujours et non seulement par ma bouche, mais par les trois portes de mon être... je Lui rends hommage et je me prosterne... »

Tout bonheur et toute paix proviennent du karma « blanc », du noble karma provoqué par l'accumulation des actions justes ; donc, encore une fois, le seul chemin à suivre, la seule méthode consiste à éliminer les erreurs d'action, de paroles et de sentiments. Tsong Khapa disait : « Même si mon corps et ma vie périssent et même si je devais les perdre à cause de la pratique du Dharma, puissé-je, malgré tout, pratiquer le Dharma. »

Entre les heures d'enseignements (dit le Dalaï-Lama s'adressant aux laïques), vous devez essayer de passer vos journées vertueusement ici, à Bodh Gaya. L'habitude est de se promener autour des stupas ; pendant ces promenades pensez à éveiller dans votre esprit le désir de Bodhichitta. Le « Bodhicharyâvatāra » dit : « Comme la terre et les grands éléments et aussi vaste que l'immensité de l'espace, puissé-je être la base vivante d'amour pour les innombrables êtres ! » Cette prière rendra votre circumambulation autour des stupas très bienfaisante. Souvenez-vous de la personne de Bouddha, visualisez-La, pensez à Ses enseignements, à Son amour compatissant et faites le vœu de suivre le même chemin. La puissance de votre motivation en sera ainsi augmentée.

(Puis, s'adressant aux moines :) Rester dans un monastère, revêtu de la robe de moine, occupé à de hautes pratiques, *pûjâ*, rites tantriques, semble à première vue une pratique du Dharma, mais si l'esprit est distrait par les petites choses extérieures du monde, il n'en est rien. Parfois, lorsque dans de grandes *pûjâ* je vois autour de moi des êtres non concentrés, manifestement absorbés dans des soucis mondains, mais extérieurement d'apparence vertueuse, je pense : « Dans quel piteux état ils sont ! » et je me sens découragé. Pratiquer le Dharma ne dépend pas de notre apparence extérieure mais de notre état d'esprit et de notre motivation intérieure. L'esprit doit être libéré de toutes pensées frivoles, pur et complètement engagé dans la pratique qu'il fait ; alors même une heure devient précieuse.

Donc même un être vieux, malade et sans pouvoir, ne doit pas être découragé et doit essayer selon son habileté ; toutes chances nous sont offertes... et pourquoi ? Parce que nous avons reçu cette « précieuse » vie humaine.

(A tous :) Donc, au moment où nous avons cette opportunité, cette chance, un corps adéquat, les loisirs nécessaires, ce temps des meilleures circonstances doit être utilisé au maximum, en faisant de grands efforts pour atteindre le Nirvâna et même la Bouddhéité pour le bien de tous les êtres vivants. Nos efforts accomplis pour le bien de tous les êtres doivent avoir la continuité du courant d'une rivière. La méthode juste est d'apprendre pour savoir tout d'abord ce qui doit être connu, puis de méditer ces enseignements mahâyânistes, y penser, analyser ce que nous avons appris, investiguer jusqu'à ce que nous ayons obtenu une parfaite certitude, puis concentrer notre esprit sur cette claire certitude. On doit alterner la méditation analytique et la concentration tranquille de l'esprit sur un point, en pratique équilibrée. Ce sera au travers de méditations conduites de cette manière que nous acquerrons une expérience intuitive. Donc et premièrement, apprenons, mais apprendre n'est pas suffisant ; il faut contempler et analyser et enfin méditer en concentration. C'est ainsi que nous aurons un résultat. Nous ne devons pas séparer ces trois exercices, mais les pratiquer alternativement.

L'étude du Dharma n'est pas celle d'une science quelconque, de l'histoire par exemple. Pratiquer le Dharma demande l'application des méthodes concernant le Dharma et c'est cela qui est une pratique des Bodhisattva.

2e pratique

Du côté de nos amis et de ceux que l'on aime, coule l'eau de l'attachement, du côté de nos ennemis brûle le feu de l'aversion ; dans l'obscurité de l'ignorance on perd la notion de ce qui doit être abandonné et de ce qui doit être pratiqué. De sorte qu'abandonner son pays et sa maison est une pratique des Bodhisattva.

Pour être capable d'accomplir les précédentes pratiques, il peut être utile et même parfois absolument nécessaire de quitter son home et son pays. Cela aide à couper l'attachement naturel que l'on porte à son entourage, sa famille, ses amis. Cela éloigne des troubles, des soucis et embarras quotidiens relatifs à une vie impliquée dans un environnement mondain d'objets, de conditions et de circonstances qui provoquent nos illusions. Vivre à la maison nous confère des devoirs dans lesquels, en bien ou en mal, nous passons beaucoup de temps. Un « tulku » a sa famille, ses disciples, beaucoup de gens qui demandent son aide. Même s'il a le désir de rester tranquille il n'y arrive pas, sollicité par trop de gens et de circonstances, sollicité aussi par les sentiments qu'on lui porte. Les réactions que l'on peut avoir à la louange ou au mépris, tout cela sont des tentations qui viennent d'un entourage même parfaitement innocent.

De même il faut veiller à l'obscurité de l'ignorance qui ne laisse pas le « loisir » de savoir ce qui doit être abandonné, ce que l'on peut accepter. Il y a certains moines, vivant de peu dans une toute petite et pauvre chambre, grande comme un trou de souris, qui ont les mêmes complications, soucis et inquiétudes inutiles que s'ils vivaient dans le luxe d'une riche cité : ils s'affairent comme des fourmis, ramassant de vieux chiffons (parce que, pensent-ils, cela peut toujours servir), de vieilles boîtes, les conservant avec amour, entassant des objets futiles, petit trésor dont la recherche et la découverte prennent tout leur temps. Cela n'est pas mal en soi, mais en vérité cela ne fait pas de bien. Sur leurs petits autels ils ont des livres sacrés dont ils essuient soigneusement la poussière mais qu'ils ne lisent pas..., ils préfèrent polir les bols de l'autel ! Leur esprit s'attache à ces objets et est distrait de la pratique. De même que la plus petite irritation est une base d'aversion, le plus petit désir qui semble naturel devient une convoitise sans cesse grandissante ; toute base d'attachement est à abandonner, si petite soit-elle. Si en s'occupant extérieurement des choses de ce monde l'esprit était capable de pratiquer intérieurement et sans cesse le Dharma, ce serait très bien. Mais c'est difficile et ce n'est, généralement pas le cas ; par conséquent, « quitter sa maison est une pratique des Bodhisattva ». La maison est le lieu où l'attachement est le plus fort, les tentations les plus puissantes, parce que insinuantes. Les trois poisons sont le désir, l'aversion, l'ignorance. L'ignorance vient en premier, elle a deux assistants : le désir et l'aversion. L'ignorance est un roi qui se sert de l'aversion pour repousser ses ennemis, du désir et de l'attachement pour augmenter son pouvoir. Lorsqu'on rencontre une personne qui nous est d'emblée antipathique, l'aversion s'élève immédiatement, comme pour nous protéger (nous affirmer contre elle), bien que réellement elle nous lie à une défaite. L'attachement est un allié aux manières gracieuses, douces et paisibles, mais sa vraie nature est de nous décevoir. Prenons donc conscience qu'ignorance, aversion et attachement sont bien nommés les trois poisons, et lorsque nous constatons qu'une de leurs sources importantes est la maison, le home, le pays, les quitter est une pratique des Bodhisattva.

3e pratique

Quand nous abandonnons les entourages néfastes, les illusions diminuent, et comme il n'y a pas de distractions notre pratique des vertus se développe automatiquement, nous rendant l'esprit clair. La certitude dans le Dharma augmente. Demeurer en solitude est une pratique des Bodhisattva.

Cependant quitter sa contrée pour retrouver des conditions semblables dans un lieu éloigné ou un autre pays, pour trouver un même environnement et de nouvelles distractions, n'est évidemment pas le but à atteindre (nous pouvons le constater, nous autres Tibétains qui avons perdu notre pays et nos maisons, mais qui, pour autant, ne vivons pas en solitude et sommes entourés d'amis, de famille et des mêmes risques de tentations extérieures). La pratique qui consiste à quitter sa maison a pour objet d'obtenir la paix de l'esprit et ce n'est évidemment pas dans une ville bruyante et agitée que nous allons la trouver. Il faut chercher la solitude douée des qualités décrites dans le Bodhicharyâvatāra et que nous trouvions facilement au Tibet : un climat pur et sain, le silence, l'eau pure, une belle nature sereine où paissent de gentils animaux paisibles comme des biches. Là, il n'y a rien pour nous distraire, on peut pratiquer et penser du matin au soir et la contemplation devient une bonne habitude. Cette solitude est très nécessaire ; tous les Gurus du passé ne sont arrivés à leur haut état de spiritualité qu'en quittant tout pour pratiquer le Dharma. Et même, si maintenant nous ne pouvons pas exécuter ce projet, nous devons le garder présent dans notre esprit ; nous devons avoir cette motivation : « Un jour, je quitterai tout, j'irai dans la solitude brandissant la bannière de la méditation. »

(Se tournant vers les moines :) Les moines doivent faire attention. Quand on vit en monastère, on est l'objet de dévotion et d'offrandes, on assiste à beaucoup de *pûjâ*, qui, bien qu'elles soient de grande utilité, peuvent devenir dangereuses pour un esprit qui se laisserait distraire ou accaparer par le désir des offrandes qui y sont jointes. Si nous mangeons trop, menons une vie trop sédentaire, ne nous purifions pas, cette vie monastique devient, elle aussi, dangereuse.

Le confort, le manque de responsabilité, la bonne chère rendent l'esprit lourd, obscur et flou. Ces tentations peuvent être évitées en vivant en solitude ; un peu de modération dans la nourriture rend l'esprit clair, le silence est propice à une réalisation. Il est dangereux de devenir un objet de dévotion, il est aussi dangereux d'attendre des offrandes ou des dons et d'être instinctivement porté à montrer plus d'égards et de respect à ceux qui nous donnent plus qu'aux autres (qui ont peut-être une dévotion plus vraie, mais moins de moyens). Quand on prend l'ordination de moine, notre devoir est de prendre exemple sur le Bouddha, sur les grands Arhats et les Gurus, de combattre les illusions et de faire le sacrifice de toutes les choses de ce monde, de tous les plaisirs samsâriques. Ce n'est qu'à ce moment-là qu'on devient un vrai moine (et ce n'est pas le fait de prendre une robe qui vous fera le devenir).

Les objets du monde sont des messagers de Mârâ, et comme un Geshé Kadampa le dit : un moine doit être libre et dépourvu, comme un oiseau. Un moine doit être simple dans sa vie journalière. Il devrait avoir juste ce qu'il faut pour vivre et pour manger, sans superflu. Seules les circonstances spéciales dans lesquelles nous vivons dans un monde sans Dharma, nous obligent à paraître parfois autrement. Les moines doivent enseigner les autres, et leur vie doit être en accord avec leur enseignement. Si nous avons les mêmes illusions et attachements que ceux qui nous écoutent, nos paroles ne seront pas seulement inutiles, mais nuisibles. Si on vit pur et libre d'attachement dans un monastère, la communauté deviendra un « champ de mérites » et saura montrer le Dharma. L'existence du

Dharma dépend de la qualité de la communauté qui le vit. D'après notre philosophie vous devez rester dans le Chemin du Milieu sans jamais tomber dans un extrême.

Moines et laïques doivent s'entraider ; de nos jours les moines doivent enseigner non seulement la religion, mais tout ce qu'il est indispensable de connaître, et les laïques doivent les aider, ce qui est parfaitement normal.

Si on ne peut pas, en ce moment, vivre « en solitude » il faut vivre justement, d'une manière qui, même dans un entourage difficile, permettra de rester paisible et serein.

4e pratique

Un jour les chers et vieux amis devront se séparer, les biens et les richesses obtenus avec tant d'efforts devront être laissés en arrière. La conscience, hôte du corps, cet hôtel, partira. Dès lors, renoncer à tout attachement à cette vie est une pratique des Bodhisattva.

Nous avons cherché la solitude, nous l'avons trouvée. Nous avons abandonné notre home, mais ce n'est pas tout : nous devons renoncer à l'attachement à ce temps de vie, nous devons voir que cette existence est impermanente, qu'elle finira tôt ou tard. Nous serons séparés de tout par la mort. Pour préparer ce départ, rien d'autre ne peut être utile que de pratiquer le Dharma. Si nous avons acquis un noble esprit, cela nous aidera. Nos amis les plus proches ne peuvent nous aider ; nous aurions pour amis tous les êtres de la terre qu'ils ne pourraient rien pour nous. Serions-nous aussi riches et d'un rang aussi élevé que « Vaishravana », il ne nous restera rien à la mort.

Ce corps qui nous est si précieux et qui nous accompagne tout le temps devra être laissé et nous ne savons pas quand cela arrivera. La vie humaine ne comporte aucune certitude ; ceux qui sont jeunes se disent naïvement : « Je suis jeune et sain, donc je dois vivre et je vivrai. » Ce n'est ni une raison ni une preuve. Sur le nombre que vous êtes ici, sans distinction d'âge, pas une seule personne ne peut affirmer avec 100 % de certitude : « Je serai vivant ce soir. » En résumé : tous nous mourrons, nous ne savons pas du tout quand, et à part la pratique du Dharma il n'y a aucune aide. Donc si vous vous détachez des liens de cette vie, c'est valable et utile, le contraire est nuisible. Si nous devions mourir ce soir, nous pouvons nous préparer à ce passage, et si nous vivons encore, tant mieux ; de toute manière notre préparation ne sera pas perdue.

Cette vie n'est pas très importante en elle-même, mais nous nous en soucions constamment. Les troubles du Tibet nous ont amenés ici, nous avons dû tout quitter, et beaucoup ne savaient pas la veille qu'ils auraient à le faire. Et pourtant nous sommes encore ici, sur cette terre des humains et nous avons chacun trouvé la possibilité d'y vivre ; nos inquiétudes étaient donc exagérées.

Mais ce qui est plus important, c'est le moment où, séparés de ce monde, nous voyagerons seuls dans un monde inconnu.

Le 7e Dalaï-Lama dit dans une prière : « Au delà de ce monde, nous serons à une distance incommensurable des choses et des gens dont nous avions l'habitude. Dans cette vie humaine, quoi qu'il arrive, nous trouvons de l'aide ; dans la vie du *bardo,* nous serons complètement seuls. Nous devons le savoir et y être préparés. »

Le Bouddha dit : « Je vous indique le chemin de la Libération, mais il dépend de vous que vous le preniez. »

Beaucoup de gens viennent me voir et me disent : « Priez pour que je ne tombe pas dans des royaumes infortunés. » Bien entendu je prie et je prierai de tout mon cœur ; même si je ne visualise pas chaque personne individuellement, je prie instamment pour tous. Puissé-je les aider, vous aider tous un peu. Mais selon le Dharma chacun est responsable de soi-même, je ne peux pas retirer quelqu'un des royaumes infortunés pour le hisser au Nirvâna. Sortir du Samsâra, accéder au Nirvâna ou à la Bouddhéité dépend de vos propres efforts. Vous ne pouvez vous reposer sur personne, ni sur le Guru, ni sur les Bouddha et Bodhisattva. Ils voudraient tous donner pleine satisfaction aux êtres, mais c'est difficile et votre coopération est absolument indispensable. Constatant l'impermanence, voyant l'inexorable futur qui devient présent, vous vous préparerez et comprendrez que d'être engagés dans les faits et actions du monde, ne sert qu'à gaspiller sa vie. Avec cette énergie, cette volonté, ce constant et ferme désir de pratiquer le Dharma, de ne pas perdre son temps, l'attachement à ce monde diminuera et finira par s'éteindre complètement et vous serez sans angoisse devant le temps qui passe.

« ... Ni parents, ni amis, ni même le plus grand amour terrestre, nous ne posséderons plus rien au moment de la mort, plus même un nom. »

Ce corps est un hôtel, nous ne pouvons pas y rester en permanence ; nous en sommes maintenant l'hôte, par notre conscience, mais cet hôte-conscience, éternel voyageur, partira un jour et oubliera l'auberge qui l'a reçu, la laissera derrière lui.

Amis, corps, nom même, rien n'existe auquel on puisse s'attacher. Donc, abandonner tout attachement est une pratique des Bodhisattva.

5e pratique

Si nous avons de mauvais compagnons, les trois poisons augmentent, notre réflexion et notre méditation se dégradent ; l'amour et la compassion sont anéantis. Abandonner cette dangereuse compagnie est une pratique des Bodhisattva.

Si on suit un faux Guru, les qualités précédemment développées s'amoindriront tandis que les illusions croîtront de plus belle. C'est à ce signe qu'on reconnaît un faux Guru, ou un faux ami spirituel ; notre ignorance deviendra plus « dense ». Nos trois « pratiques » (*shîla, samâdhi, prajnâ*) s'affaibliront.

Sur le chemin mahâyâniste, très particulièrement, nous devons faire attention à ne pas nous laisser influencer par des amis ou des compagnons qui n'ont ni amour ni compassion ou qui les ont perdus, car l'essence du Mahâyâna est l'amour et la compassion. Abandonner ces mauvais amis est une pratique des Bodhisattva.

Pour pouvoir atteindre la Bouddhéité rien n'est plus important que de suivre un Guru ; cela fut souligné par le grand Guru Potawa. Nous devons demander des enseignements et de l'aide. Si nous sommes déjà « sur le Chemin » c'est important ; ce l'est encore plus si nous venons tout juste d'émerger des royaumes infortunés. Suivre celui par lequel nous verrons nos fautes et auprès duquel nos qualités augmenteront comme « la lune croissante », tenir pour plus cher que sa propre vie ce suprême gardien, est une pratique des Bodhisattva. Car, pour développer son esprit encore obscurci, on doit suivre une méthode et savoir comment la suivre. Le guide doit être un parfait Guru qui montre le chemin et enseigne la méthode. Il doit avoir une grande expérience afin que l'on puisse avoir toute confiance en lui. Un malade essaie de trouver le meilleur médecin et suit le traitement qu'il lui indique. Or la maladie des trois poisons est bien plus dangereuse que toute maladie corporelle.

Pour pouvoir faire confiance au Guru, il doit posséder certaines qualités. Le Sakya-Pandita disait : « Même pour acheter un cheval nous prenons des renseignements et nous entourons de toutes sortes de précautions... A bien plus forte raison devrions-nous être prudents quand il s'agit de notre bien-être éternel. »

Avant de prendre un Guru, avant de décider s'il le sera ou non, nous devons connaître les qualités inhérentes au Guru suivant le Vinaya, les Sûtra et les Tantra, et nous ne devons suivre que quelqu'un qui a la plupart de ces qualités.

Lorsqu'on a trouvé le « vrai » Guru, il faut le suivre en le voyant comme l'égal de Bouddha, en le plaçant même plus haut étant donné sa bienveillance. C'est avec cette pure vue que nous devons développer une grande et forte dévotion du fond du cœur : dévotion en voyant ses qualités, respect en voyant sa bonté, adoration en voyant les deux.

Nous devons manifester cette adoration en pratiquant exactement ce qu'il nous indique. Nous pouvons le rendre heureux de trois manières : par les offrandes, par les services que nous lui rendons et par notre pratique. Mais s'il est un vrai Guru, ce qu'un Guru doit être, il sera rendu beaucoup plus heureux par la pratique de son disciple que par ses offrandes.

Marpa avait deux disciples, dont l'un, très riche, qui lui donna tout ce qu'il avait, et Milarespa qui n'avait rien du tout.

Marpa ne faisait aucune différence entre les deux disant :

« Mon disciple Milarespa n'a rien, et mon autre disciple m'a tout donné, jusqu'à la dernière chèvre boiteuse de son troupeau, mais je ne fais aucune différence entre eux dans l'enseignement que je leur dispense. »

Sha-ra-wa disait que les disciples devaient « offrir » par adoration au Guru, mais que le Guru ne devait pas se sentir concerné par les offrandes, sinon il ne pouvait être considéré comme un Guru mahâyâniste. Suivre un Guru de la manière juste est une pratique des Bodhisattva.

Le premier jour des enseignements est terminé. Nous voici à la seconde journée qui débute par une introduction, puis par une récapitulation de ce qui a été dit.

Deuxième journée des enseignements

« Les trois mondes sont impermanents comme les nuages d'automne ; la naissance et la mort des êtres sont comme un jeu, comme le flot rapide d'une cascade montagneuse. » Tous les phénomènes composés, les êtres, les lieux sont impermanents et changeants. Aucun n'est éternel. La vie de l'être est une rudimentaire et grossière forme de l'impermanence ; elle est terriblement incertaine, particulièrement à notre époque. Dès sa naissance, l'être peut avoir la certitude qu'il mourra et que chaque seconde le rapproche de cet instant. La mort arrivera comme un éclair brutal sans que nous la prévoyions ni ne l'attendions. Depuis les débuts de ce monde les gens sont nés, puis sont morts. Parfois, ils ont été sages, parfois puissants ; aucun n'a évité les conditions de la nature : la naissance et la mort sont ces conditions. Chaque être passe par le même processus de dégénérescence : très jeune on n'a pas besoin de lunettes, je n'en avais pas, et déjà j'en porte aujourd'hui, et ma vue baissera de plus en plus jusqu'à ce que je ne voie plus rien du tout ! Le corps dégénère toujours, les rides apparaissent, les cheveux tombent, l'ouïe devient moins bonne et, plus le corps se tasse, plus on se sent fatigué, fatigué de tout. Les jeunes prennent notre place, considérant nos idées comme démodées et imposant avec fierté les leurs pour celles d'un Bouddha. Cependant ils suivront le même chemin, ceux qui aujourd'hui nous traitent de radoteurs : toutes choses que nous avions goûtées, jeunes, avec délice, deviennent des objets de dégoût ; les objets d'attachement peuvent aussi devenir des objets d'aversion. Nous sommes plein de regrets parce que nous avions fait tant de beaux projets que nous n'avons pas pu mettre à exécution, nous n'avons plus la force ni le courage de réaliser les plans que nous avions formés avec enthousiasme et énergie à l'époque où nous nous pensions capables « d'attraper les oiseaux volant dans le ciel ».

Cet âge passe vite ; si on est laïque on se marie ; femme et enfants vous donnent un surcroît de responsabilité et l'énergie se disperse à essayer d'obtenir un meilleur standing social, un meilleur « rang » professionnel. L'obtention de ces choses ne va pas sans que s'élèvent des sentiments de séparativité : compétition, jalousie et ensuite mépris lorsqu'enfin on est arrivé à faire sa « place au soleil » ; on ne peut pas l'avoir faite sans en avoir écarté d'autres ! Dans ces préoccupations, les jours passent, puis les années...

Comme moine, il pouvait en être de même au Tibet. Il y avait certainement beaucoup d'étudiants qui travaillaient avec la motivation d'atteindre la Bouddhéité, étant gardés par de bons Gurus et ayant de bons compagnons, mais parmi les jeunes moines il y en avait qui ne travaillaient que pour un but temporel : pour devenir un érudit, un lettré, un pandit distingué, pour gagner le plus haut grade de Geshé ; mais avec ce seul but le titre de Geshé est, comme nous le disons au Tibet, un titre « vide » ; un certain nombre d'étudiants désirait cependant ce titre « vide » ; et de là convoitait le poste d'abbé d'un Monastère. Ils étaient donc tout autant que des laïques engagés dans les chemins du monde qui ressemblent aux vagues d'un lac. Une passe, une autre lui succède, déjà plus haute, une troisième arrive, encore plus haute, et, ainsi de suite, les vagues déferlent sans arrêt, chacune plus haute que la précédente. N'est-ce pas mieux de stopper immédiatement ce processus en entrant complètement dans la voie du Dharma ? Si nous n'agissons pas ainsi, nous aurons beau être enveloppé de la robe de moine, nous aurons peut-être un nom fameux, mais nous vivrons en vertu des huit principes de ce monde qui nous lient au Samsâra : on aura des disciples qui accroîtront nos biens, il faudra trouver des intendants pour s'en occuper, donc nos soucis et responsabilités augmenteront et, à moins que notre esprit ne soit totalement discipliné, notre pratique du Dharma deviendra, pour le moins, douteuse.

Nous devrons cependant l'enseigner, puisque nous aurons des disciples, mais nous saurons que nous ne le vivons pas réellement, ou alors nous nous tromperons nous-mêmes et nous vivrons non pas selon le Dharma mais selon les huit principes de ce monde (amour de la louange et rejet du blâme, désir du gain, crainte de la perte, goût du confort et du luxe, crainte de l'inconfort et de la pauvreté, accueil à tout ce qui est plaisant, rejet de ce qui est douloureux).

Si quelqu'un qui, de par son état, est supposé connaître le Dharma, peut agir de cette manière et se laisser impliquer dans un mode de vie qui est le contraire de ce que préconise le Dharma, comment quelqu'un qui ne le connaît pas peut-il alors « s'en tirer » ? La vie passe, gâchée, on arrive à la fin effrayé, on veut enfin pratiquer le Dharma, mais on n'en a plus la force.

Cette vie gaspillée peut se résumer parfois ainsi : les vingt premières années se passent dans l'enthousiasme, sans penser au Dharma, les vingt ans suivants se passent avec la velléité de pratiquer sans avoir le temps de le faire, puis les derniers vingt ans se passent dans le regret de son impuissance à pratiquer le Dharma. Et voilà, la vie s'est passée dans un vide qui n'est pas la recherche de la Vacuité !

Si l'esprit n'est pas occupé, complètement absorbé par le Dharma, aucune pratique n'a de sens ; un maître disait : « Si l'esprit n'est pas totalement immergé dans le Dharma, les mantras ne servent qu'à user les ongles. »

Il n'y a jamais de temps à perdre, les circonstances peuvent subitement devenir défavorables. Quelle que soit l'apparence extérieure que l'on a ou l'idée que les autres ont de vous, le plus important est d'être son propre témoin ; soyez votre propre témoin pour ne jamais avoir ni regret, ni remords, et faites de temps en temps un bon examen intérieur ! Se contrôler sans cesse est très important. Si la vie attendait notre bon vouloir il n'y aurait pas de problèmes, mais la vie n'attend pas, le temps passe car « la vie des trois mondes est impermanente comme les nuages d'automne ».

Il n'y a pas pour nous la possibilité effective de pratiquer les 84 000 enseignements de Bouddha ; même de grands saints comme Nâgârjuna n'ont pas pu le faire. Au début de son évolution spirituelle, Nâgârjuna était un être ordinaire, comme nous ; seuls ses efforts continus l'ont fait graduellement progresser et ont augmenté ses possibilités, et il est devenu ce qu'il fut.

Sans efforts, aucun des grands Maîtres ne seraient devenus ce qu'ils sont et en pensant à cela nous devons être encouragés, car il est dit dans le Bodhicharyâvatāra que « même les mouches ont la potentialité de devenir Bouddha. » Si donc une mouche a cette possibilité, combien plus rapidement pourrons-nous arriver à la Bouddhéité. Cela doit donc nous donner un grand courage, il faut utiliser cette potentialité, et ne pas remettre à plus tard cet effort ; toutes les chances sont entre nos mains si nous nous mettons au travail immédiatement ; par cela nous apporterons un changement dans nos esprits.

Nos actions du corps et de la parole sont soumises au pouvoir de l'esprit, et même pour une personne vivant sur le plan ordinaire de la vie mondaine des actions généralement fausses peuvent être transformées par l'esprit. Même si cette personne est dans une épaisse ignorance, mais qu'elle a fortement une « petite » volonté, ses actes mauvais se changeront en bons ; à plus forte raison, une personne un peu plus évoluée et de volonté moyenne pourra transformer des actes indifférents en « très » bons. Le développement mental est extrêmement important.

Dans la pratique du Dharma, il ne faut voir, pour commencer, ni trop haut, ni trop loin : il faut commencer par pratiquer de petites choses avec l'habileté que l'on a (quelqu'un qui aimerait bien profiter d'une excellente nourriture, mais qui n'a pas les moyens de se la procurer devra manger n'importe quoi pour survivre), sans se lancer dans de hautes pratiques ; les petites se transformeront petit à petit ; goutte à goutte, l'océan se forme. Ne regardons pas trop loin, mais mettons-nous en route. Qu'allons-nous pratiquer ? Il y a le Dharma hînayâniste et le Dharma mahâyâniste ; le Sûtrayâna, le Pâramitâyâna et le Tantrayâna. Le Dharma que nous avons au Tibet embrasse le Sûtrayâna-Pâramitâyâna et le Tantrayâna. Pour le pratiquer nous devons le connaître et, pour le connaître, nous devons l'entendre enseigner. Je suppose que c'est avec cette motivation que vous êtes ici. Cet enseignement du Lama Thogs-med bzang-po condense les pratiques des Bodhisattva en trente-sept groupes ; écoutez-le avec la motivation suivante : « Dans ce lieu où Gautama Bouddha a montré l'Illumination, je développerai en moi cet esprit de Bodhichitta et accumulerai des mérites pour atteindre l'état de pleine Illumination et la Bouddhéité. »

C'est pour ce but et avec grande attention que vous devez suivre cet enseignement.

6e pratique

Se fier à un ami spirituel qui a éliminé toutes les illusions, dont la compétence dans les Ecritures et la pratique est complète et dont les qualités augmentent comme la lune croissante ; chérir ce parfait Guru plus que son propre corps est une pratique des Bodhisattva.

Il n'est pas suffisant de rester en solitude, on doit déraciner complètement les illusions et le seul moyen pour cela est d'arriver à la réalisation de Shûnyatâ : Prajnâ. Cette réalisation de la Vacuité ne peut être atteinte que par Samata (la méditation de tranquillisation sur un point) et Vipasyanâ, en union. C'est la seule méthode possible. Sans cela, une vie vertueuse, la récitation de mantras et prières, tout en nous étant profitables, ne seront que d'un bienfait temporaire. Pour arriver au Bien permanent, à la Paix parfaite, il est indispensable d'extirper la racine des illusions.

Les entraînements de l'esprit serviront dans cet ordre :

— Shîla : à se protéger soi-même, comme avec une bonne armure.

— Prajnâ : sera l'arme capable de mettre ses ennemis en déroute.

— Samâdhi : sera la force nécessaire pour tenir l'arme.

Quant aux ennemis dont il est question, ce sont les vues erronées, les illusions qui nous guident depuis les temps sans commencement. Il ne faut pas penser seulement à aujourd'hui, mais prévoir que cette bataille sera longue : demain, toute la vie, et encore d'autres vies. Shîla est une barrière derrière laquelle on doit développer, de plus en plus, la force de Prajnâ et celle de Samâdhi ; après ce travail on peut engager le combat.

Dès lors, pour augmenter nos vertueuses qualités, pour développer notre effort nous avons besoin d'un gardien et nous devons tenir cet ami spirituel, qui nous guide sur la voie, pour plus précieux que notre propre vie.

Dans une école ordinaire on exige certaines qualités du maître : connaissance de ce qu'il enseigne, bon caractère, possibilité d'être un exemple par son comportement. Combien plus devons-nous être exigeants au sujet des qualités de celui qui nous apprend le moyen d'accéder au bien-être éternel.

D'après le « Sûtra Alankâra » par Maitreya, un Guru doit posséder dix qualités principales : « Il doit être discipliné, paisible, équanime, posséder au suprême degré toutes les qualités normales, ne jamais relâcher ses efforts ; il doit être riche en enseignements, capable d'exposer la claire vérité de Shûnyatâ et la méthode de sa recherche ; sa parole doit toujours être sage ; il doit être constamment bienveillant et ne doit jamais se laisser aller au découragement. » Il faut trouver et suivre un maître qui possède ces qualités et avoir soi-même les qualités du disciple qui sont au nombre de neuf et peuvent être résumées ainsi : avoir l'attitude d'un enfant sage, un comportement non-égoïste, suivre les instructions du Guru, exaucer ses désirs, se sentir proche de lui et l'aimer.

En ayant cet esprit et si le Guru lui-même est qualifié, l'amélioration du disciple sera certaine. Plus le disciple se sentira proche de son Maître et plus il lui fera confiance, plus cette relation sera fructueuse. Nous devons être capable de voir le Bouddha dans la personne du Maître, de le respecter et de le servir comme un Bouddha. Avant de l'accepter comme tel, le Guru doit juger son disciple. Très spécialement en Tantrisme, Gurus et disciples doivent avoir une parfaite connaissance de leurs qualités réciproques. Ce n'est pas un nom de Lama ou de Tulku qui fera un bon Guru, ce sont les qualités que j'ai indiquées et si on ne lui trouve pas ces qualités, quel que soit le titre qu'il porte, il faudra le quitter, sans hésitation. Si on ne trouve pas ces qualités dans le Gyalwa Rimpoché (le Dalaï-Lama) on doit l'abandonner. Nous n'avons pas à respecter le Maître à cause de son rang ou de sa position, nous avons la totale liberté de choix ; le Dharma implique cette totale liberté. Quel que soit le Maître ou la Tradition que l'on suit, l'esprit doit garder son ouverture et sa liberté, c'est sa nature ; si on le force, il se bute et réagit en se révoltant ; ce n'est que dans la liberté que l'esprit pourra se discipliner.

Tout ce que nous faisons doit être fait avec réflexion. S'engager légèrement dans la pratique du Dharma aboutira à s'en lasser et à le critiquer et mieux vaut le critiquer quand on ne le connaît pas du tout. Donc choisissons en toute liberté et avec grand soin notre Guru Vajradhâra, car une fois qu'on l'a choisi nous devons le suivre en toutes choses et sans égoïsme ; il faut se plier à l'enseignement qu'il nous donne et le laisser décider. Faisons donc bien attention de ne pas nous lier, par enthousiasme, à n'importe qui. On ne doit pas tirer de flèche dans l'obscurité. Le Bouddha-Dharma ne doit pas être suivi en aveugle ; chaque point de doctrine aussi bien que de méthode a sa base juste et sa raison d'être. Même à cette époque de dégénérescence, le Bouddha-Dharma n'a rien perdu de sa radiance et de sa perfection. L'accomplir est un but, le Guru un modèle dont la conduite est une émulation aidant à vivre plus vertueusement et à atteindre la plénitude qui peut être celle d'un être humain. Nous devons donc chercher soigneusement celui que nous prendrons comme Maître, qui est la « racine » de la voie du Dharma, et une fois que nous l'aurons trouvé, nous le suivrons avec une foi indéfectible.

7e pratique

Comment les dieux de ce monde pourraient-ils avoir la possibilité de nous libérer, étant eux-mêmes liés à la prison du Samsâra. Prenons plutôt refuge dans ce à quoi nous pouvons nous fier. Prendre Refuge dans les Trois Joyaux est une pratique des Bodhisattva.

Avant d'accorder à quelqu'un notre confiance, nous devons nous assurer qu'il la mérite, c'est-à-dire qu'il a le pouvoir de nous aider, et c'est seulement avec cette certitude que nous prendrons refuge en lui.

Qui donc est l'« objet » de Refuge qui ne nous décevra pas ? Les Trois Joyaux, Bouddha, Dharma, Sangha sont les Parfaits Refuges et réaliser cela est une pratique des Bodhisattva.

Prendre Refuge est une action importante, car elle délimite ceux qui sont bouddhistes et ceux qui ne le sont pas. Celui qui accepte le Triple Joyau comme ultime refuge, et qui suit son enseignement est un vrai bouddhiste.

Celui qui n'a pas ce lien profond, même s'il a une connaissance complète des Ecritures et même si extérieurement ses pratiques paraissent fondées, n'est pas un disciple du Dharma et n'est pas un bouddhiste.

Le fait de prendre Refuge fait donc la différence entre un bouddhiste et un non-bouddhiste, et la division entre disciples et non-disciples du Bouddha consiste en ce point important. On prend Refuge à différents degrés de compréhension, mais celui qui dans le fond de son cœur accepte le Triple Joyau comme ultime objet de Refuge, a trouvé la solution juste.

Voici maintenant l'explication de ce qu'est le Triple Joyau :

Le mot « Bouddha » (Sanghié en tib.) signifie en réalité le pleinement développé, l'Eveillé, pur de toute erreur, sans défauts ; ce dernier terme comprenant ensemble les illusions et imperfections de l'être aussi bien que celles du monde extérieur. Fautes intérieures et défectuosités extérieures étant comme je vous l'ai expliqué hier un résultat du karma, lequel provient à son tour de l'esprit non-discipliné, conditionné par les illusions.

Qu'est-ce qu'une illusion ? C'est une qualité émotionnelle de l'esprit qui le trouble, détruisant sa paix et son bonheur. Le mot tibétain « nyong mong » pour *klesha* (passion) signifie une agitation mentale, un concept, une pensée ou une manière de penser dont l'activité bouleverse l'esprit. Cet état, dominant l'esprit, le rendra impossible à contrôler, sans discipline, provoquant ainsi les actes qui causeront le karma.

La production du karma dépendra du contrôle ou non de l'esprit, contrôle rendu impossible par la présence des illusions auxquelles il est soumis, celles-ci découlant de l'Ignorance causale. Toutes les imperfections intérieures et extérieures viennent par ce processus : l'esprit indiscipliné résultant des illusions, et elles-mêmes issues de l'Ignorance, croyance en une soi-existence indépendante.

Quand un individu dompte complètement son esprit, toutes les imperfections intérieures aussi bien qu'extérieures et leurs résultats sont éliminés. Quand il s'agit d'un Bouddha, cela signifie que les erreurs de base telles que le désir, l'aversion et ce qui en découle automatiquement ont été déracinés ; un Bodhisattva doit se débarrasser de « jnânavarana » l'obstacle à la parfaite connaissance de l'essence de l'existence. Même les grands Bodhisattva ont encore un léger voile les séparant de la totale omniscience. Quand la perfection de la connaissance est obtenue, l'esprit entièrement libre se dilate, s'épanouit. L'Eveil total empêche le processus de l'Ignorance précédemment expliqué de se réformer, et une personne qui a atteint cet état suprême avec toutes ses potentialités de connaissance, pleinement réalisées, est un Bouddha. Cet état, la Bouddhéité, ne vient pas spontanément, il demande un développement volontaire de l'esprit. Il n'est pas sans cause, il n'est pas une existence permanente et intrinsèque. Le Dharma enseigne que les êtres ne restent pas dans un état statique.

Tous les Bouddha, comme Shâkyamuni qui devint « illuminé » ici même (à Bodh Gaya), furent une fois comme nous, dans l'état de conscience où nous sommes. Puis, peu à peu, progressant sur le Chemin, se dépouillant graduellement de toutes leurs imperfections, développant leurs vertueuses qualités, une à une, ils devinrent finalement des Bouddha. Cet abandon des fautes et ce gain des vertus sont principalement accomplis par l'esprit, qui a un extraordinaire éventail de possibilités. Vous m'écoutez et me regardez, et au même moment vous percevez simultanément différentes choses, divers objets de connaissance : des sons, des couleurs, des formes, etc., provenant des connaissances sensorielles et devenant la connaissance mentale que de nos jours on décrit comme appartenant au cerveau. Cette connaissance mentale est la plus importante. Chacune des connaissances sensorielles a sa propre fonction, celle de voir, de toucher, d'entendre..., mais les résultats de leurs détections prennent finalement place dans l'esprit et l'idée s'élève : « J'ai vu », « j'ai senti », etc. Le concept du « je » et du « soi », ce facteur prééminent, est donc mental : il est la conscience qui tire les conclusions.

Il y a différents niveaux de conscience mentale, du plus grossier au plus subtil. En ce moment notre conscience est en activité sur un certain plan. Durant l'état de rêve elle sera sur un autre, plus subtil ; elle en atteindra un autre encore dans l'évanouissement et passera par d'autres paliers jusqu'au niveau le plus haut et le plus subtil se plaçant au moment de la mort. Là, nous arrivons à un tout autre état de conscience. A cet instant ultime, les consciences grossières disparaissent pendant que extérieurement l'arrêt de la respiration semble annoncer la mort, mais en réalité la vie continue avec l'état de conscience le plus subtil. La réelle nature de l'esprit est cet état le plus subtil de la conscience, libre de toute illusion, car les illusions s'éveillent et agissent sur des plans grossiers de conscience qui ont disparu.

Ainsi ce plus subtil état de l'esprit est pur de toute imperfection, ce qui montre bien que les erreurs sont temporaires. L'ultime nature de l'esprit ne comporte aucune pollution.

Personne n'est en colère de manière permanente ; si l'aversion durait, l'esprit d'une personne colérique serait tout le temps irrité. Or, bien que cette personne soit susceptible de prendre de « bonnes rages », elle se calme et l'irritation ou l'aversion s'en va. Cette colère était passagère ; donc les défauts de l'esprit n'y sont pas inhérents.

Le désir, l'attachement, la jalousie sont de « familles » différentes. De telles illusions, si puissantes puissent-elles paraître, peuvent être détruites et évitées. Prenons comme exemple l'aversion : cette illusion d'antipathie s'éveille à l'égard d'un objet qui nous semble désagréable, nous donnant le désir de le repousser, de s'en détourner, voire de lui faire du mal, ce qui est, en vérité un bien fruste état de l'esprit. Par ailleurs envers un objet agréable, l'esprit crée un sentiment de tendresse, de bienveillance, un désir d'intimité. Ces deux attitudes de l'esprit étant opposées ne peuvent coexister simultanément.

Ainsi les qualités de l'esprit sont de natures différentes et souvent diamétralement opposées. Les mauvais états de l'esprit sont amenés par l'ignorance, et parce que c'est ainsi, ils ne sont pas supportés par une connaissance valide, cette préhension de l'existence inhérente n'étant due qu'à l'ignorance de la véritable nature de l'ultime réalité.

La connaissance qui perçoit chaque chose comme existant séparément est une connaissance erronée. Réellement, rien n'existe de cette manière. Quand nous procédons à une investigation sur cette base, plus nous analysons profondément objets et concepts, plus ils se dissolvent. Généralement si nous examinons intensément un objet, il devient de plus en plus délimité et précis ; mais quand l'objet n'existe pas vraiment, ce que nous « pensions » qui existait s'évanouit. Le manque de substance du discours d'un « beau parleur » éblouit au premier instant mais en l'analysant froidement nous pourrons peut-être conclure que le contraire de ce qu'il disait pouvait aussi être vrai. Il en est de même avec l'existence que nous prêtons à chaque chose, et quand nous découvrons cela, l'ignorance commence à disparaître et l'avidité que nous ressentons pour les êtres et les choses perd de son pouvoir.

A cause de l'« illusion » les défauts de l'esprit paraissent insurmontables au premier abord, mais, comme ils dépendent d'une base « illusoire » ils sont passagers. Les vertueuses et bonnes qualités de l'esprit ne s'appuient pas, elles, sur de fausses conceptions si bien que nous avons deux états de l'esprit dont l'un exclut l'autre..., l'un ayant une solide fondation et l'autre en manquant totalement.

De ce fait, quand nous essayons de développer les qualités positives de l'esprit qui ont une base juste, les négatives, qui en sont dépourvues, se désagrègent petit à petit jusqu'à leur complète disparition ; quand la chaleur et la lumière augmentent, le froid et l'ombre diminuent.

Cependant au début de notre pratique les forces négatives risquent parfois de gagner du terrain : sur une attitude première d'irrespect, la dévotion aura de la peine à se développer et si par un effort enthousiaste on arrive à se montrer généreux envers les autres êtres et oublier son égoïsme pendant quelque temps, on se lasse de cet effort contraignant et on retombe dans ses vieilles habitudes égocentriques. Pourquoi cela ?... Parce que nous n'avons pas encore édifié ce travail intérieur sur une fondation valide, la réalisation de la non-existence intrinsèque et réelle du « soi » et que nos actions vertueuses ne provenaient que d'une « vue » entachée d'illusions samsâriques. C'est pourquoi nous devons faire usage à la fois de « méthode » et de « sagesse ». Cela seulement permettra aux forces positives de s'accroître sans défaillance, l'habitude prise contribuera au développement infini des vertueux états de l'esprit et à la destruction progressive des forces négatives. Par ce procédé, lorsque les qualités positives seront parfaitement accomplies, on obtiendra la Libération et atteindra la Bouddhéité.

Un tel « Bouddha » est le Bouddha Shâkyamuni ; suivant les Théravâdins il fut un Bodhisattva durant la première période de sa vie, obtint l'état de complète Illumination sous l'arbre de Bodhi, devint donc Bouddha et le resta tout en vivant dans son corps terrestre jusqu'au Parinirvâna qui Le fit entrer dans le Dharmadhâtu représentant l'arrêt total de son courant de conscience.

Selon le Mahâyâna, ce n'est pas exactement ce qui arriva : sans apparence physique, le Bouddha existe dans le Dharmakâya d'où Il manifeste différentes formes pour aider constamment tous les êtres vivants, non seulement ceux de notre monde, mais ceux des mondes que nous ne connaissons pas. Il « est vivant » et de cette manière le Bouddha Shâkyamuni est une manifestation du Dharmakâya.

Donc, d'après le Mahâyâna, bien que Gautama Bouddha soit né comme prince et ait passé à travers divers événements, sa vie « manifestée » était un peu comme un « rôle » qu'Il jouait, pour être un exemple et une aide pour nous, mais en fait Il était déjà Illuminé.

L'esprit d'un tel Bouddha est connu sous le nom de Jnânadharmakâya, le plus subtil des états de l'esprit, qui a complètement éliminé tous les obstacles à la vision de l'ultime nature de toute existence (Shûnyatâ = Vacuité) dans laquelle Il est absorbé, percevant simultanément l'ultime nature de chaque phénomène en même temps que son apparence. Cet état de l'esprit de Bouddha, Jnânadharmakâya, est « enveloppé » d'un corps subtil (que nous ne pouvons pas imaginer dans notre actuel état de conscience) dont le nom est Sambhogakâya (Corps de joie) et qui existe jusqu'à la fin du Samsâra. C'est de ce Sambhogakâya que provient le Nirmânakâya (Corps de manifestation) qui se manifeste par différents êtres et dans différents mondes.

Prendre Refuge dans le Bouddha est prendre Refuge dans ces trois Corps. (Comprenez-vous maintenant clairement la signification du Refuge dans le Bouddha ?)

Parlons maintenant du Dharma. L'ultime Dharma est la cessation de toute faute, l'élimination de toute illusion par la réalisation de la Vacuité. L'ultime Dharma est le Vrai Chemin sur lequel sont les Bouddha et les grands Bodhisattva, les Aryabodhisattva qui sont si proches de la Bouddhéité. (On dit Chemin car il y a des degrés progressifs de réalisation, la qualité parfaite de cette expérience étant en Bouddha). Les Aryashrâvaka et les Aryapratyekabuddha sont également arrivés à la Vraie Cessation et leur réalisation représente aussi l'Ultime Dharma.

Pouvoir abandonner toute erreur et toute obscurité (ce qui ne peut se faire que par la réalisation de la Vacuité) est l'objet de « prendre Refuge dans le Dharma ». Le Dharma est donc le Vrai Refuge qui, lorsqu'il est atteint nous libère de toutes souffrances et de toutes limitations. Le Dharma est le principal Refuge.

Dans cette optique « Sangha » se réfère à ceux qui expérimentent cette Vraie Cessation et ce Vrai Chemin : l'Arya-Sangha ou l'Ultime Sangha : ceux qui ont réalisé Shûnyatâ.

Tels sont donc les Trois Objets de Refuge des disciples du Bouddha-Dharma.

Lorsque nous considérons ces Trois Objets en dehors de nous, il est dit que nous prenons Refuge dans la Cause-Refuge (comme une personne timide ou effrayée cherche l'appui de quelqu'un de fort), mais notre but final doit être d'atteindre nous-même cet état, car il est l'objet de notre désir initial : « Etre libre de la souffrance, obtenir le bonheur. » Ce doit être un acte intérieur puisque toutes les souffrances viennent du karma, de l'illusion, de l'Ignorance et que ce n'est qu'en faisant progressivement cesser l'Ignorance, l'illusion, le karma qui découlent l'un (karma) de l'autre (illusion) et de sa cause (ignorance) que nous serons libérés de toutes les souffrances.

La seule notion de la « présence extérieure » du Bouddha, du Dharma et du Sangha n'est pas suffisante. Il faut voir dans le Triple Joyau un « programme » qui informe sur les moyens d'accéder au but poursuivi.

Il faut regarder Bouddha comme un maître ou un médecin et suivre avec confiance Ses instructions ou Ses prescriptions, lesquelles sont le Dharma, et notre pratique doit être en accord avec elles.

Bien que nous ne puissions pas atteindre l'Ultime Dharma immédiatement, dès notre entrée sur le Chemin nous pouvons commencer à développer les qualités qui nous y conduiront et nous finirons, pas à pas, par atteindre l'infaillible et suprême Dharma. Mais pour cela nous devons commencer par le début, c'est-à-dire par abandonner les actions nocives du corps, de la parole et de l'esprit.

Celles du corps sont : tuer, de l'être humain jusqu'au plus petit insecte (et même, dit le Sûtra, l'œuf d'un pou !), mais pour ces derniers, pour que ce soit une faute réelle, il faut être motivé par l'intention de détruire.

Tuer est l'acte qui produit les plus lourdes conséquences, car il cause une souffrance immédiate. Il n'y a aucune excuse à tuer qui que ce soit par colère ou par aversion. En ce qui concerne les animaux, le Dharma fait certaines réserves : s'il est inadmissible que l'attachement à manger de la viande soit impératif au point de provoquer le meurtre d'un animal, acheter un peu de la chair d'un animal déjà tué n'est pas une lourde faute. Le problème de la nourriture carnée est résolu différemment suivant certains Sûtra ; ces variantes sont dues aux circonstances et conditions diverses des disciples.

Donc, on ne tuera pas délibérément un animal pour le manger, mais, si l'état de notre santé l'exige, on pourra manger la viande d'un animal déjà tué en réfléchissant à l'importance d'un corps sain et vigoureux pour pratiquer le Dharma en vue d'aider tous les êtres vivants. Cependant, on ne le fera jamais pour flatter son goût ou pour assouvir sa gourmandise, et un régime végétarien est toujours préférable.

Voler est un acte peu sage, causant de la souffrance en privant autrui de ses possessions.

Les erreurs de la conduite sexuelle se

classent parmi les principales fautes commises par le corps. Cela signifie en général l'adultère, le fait d'avoir des relations physiques avec quelqu'un d'autre que sa propre femme. Une grande partie des ennuis de la vie quotidienne viennent de cela, et de la plus haute société des pays sur-développés jusqu'aux natifs de la jungle la source majeure des désaccords vient des désordres causés par ce genre de relations.

Mentir se rapporte à l'habitude de tromper et de duper les autres. Cependant, si au prix d'un mensonge la vie d'un être ou celle du Dharma peut être protégée, il y a quelque excuse à ne pas avoir une totale franchise.

Les médisances et calomnies créent des contestations opposant des individus ou des groupes de personnes et peuvent causer de graves préjudices. Les maîtres disent que lorsqu'on est en compagnie on doit veiller à sa langue, et, lorsqu'on est seul, à son esprit.

Les paroles oiseuses, bavardages, « papotages » sont sans utilité. Etant généralement axés sur le désir, l'attachement ou l'antipathie ils ne peuvent qu'augmenter en nous les illusions.

L'avidité, les intentions malfaisantes et les vues fausses proviennent de l'esprit. L'attitude mentale d'avidité consiste à toujours désirer ce que possèdent les autres et ne se contente pas toujours de petites choses. Les intentions malfaisantes se manifestent par l'attitude mentale d'agressivité envers les autres ; les vues fausses sont celles qui nient la loi du karma, la réincarnation, la vérité du Triple Joyau.

Abandonner ce groupe de dix actions nuisibles équivaut à acquérir les dix vertus correspondantes, et c'est là le premier pas sur la voie du Dharma. Avec cette base, les attitudes justes du corps, de la parole et de l'esprit peuvent se développer. On ajoutera le désir intense de Bodhichitta et d'autres pratiques qui assureront son développement. Après s'être éveillé à la vue de l'impermanence et avoir développé notre attention sur elle, après avoir reconnu la nature de la souffrance, nous chercherons Shûnyatâ, l'ultime vérité, la Vacuité ; et ainsi progressivement l'Ultime Dharma naîtra en nous. C'est pourquoi le Vrai Refuge, le Dharma, peut nous sauver.

Le Dharma signifie aussi la pratique de tout ce qui permettra d'atteindre le but.

Le Sangha doit être un exemple, un modèle. C'est un extrême encouragement de voir, au travers des récits concernant les Gurus du passé, les êtres développer Bodhichitta et Shûnyatâ. Car s'ils ont pu le faire, pourquoi ne le ferions-nous pas ? Cette pensée est une source de haute inspiration. Donc le Sangha est un exemple qui nous guide à travers notre pratique du Dharma.

Nous connaissons par divers récits

l'héroïsme dont les Aryabodhisattva font preuve en aidant les êtres vivants. Nous devrions avoir pour motivation de suivre exactement leurs traces. Ceci doit résumer notre attitude vis-à-vis du Sangha.

Le Bouddha est le maître qui guide, le Dharma est le Vrai Refuge, le Sangha l'ami secourable. Prendre Refuge en eux est une pratique des Bodhisattva.

8e pratique

Les insupportables souffrances des mauvaises destinées sont dites par le Bouddha être le fruit du karma, ainsi ne jamais commettre d'actes mauvais est une pratique des Bodhisattva.

Un bon karma est la cause des merveilleuses actions des Bouddha et Bodhisattva, mais un karma négatif entraîne des souffrances variées et infinies ; ce sont celles des trois « royaumes inférieurs ». Toutes ces souffrances proviennent d'un esprit faussé. Les innombrables formes d'êtres que nous connaissons, et celles que nous ne percevons pas, sont les effets du karma (et les habitants des enfers, qu'ils soient ou non tels que l'Abhidharma les décrit, sont des productions du karma). Il y a déjà parmi les êtres que nous pouvons voir une si grande variété d'aspects, de formes, de manières d'exister que nous pouvons en déduire que d'innombrables autres variétés peuplent aussi les autres mondes.

La souffrance des animaux est absolument évidente, celle des chèvres et des moutons abattus par le boucher sans qu'ils aient la possibilité de défendre leurs vies en est un exemple. Les animaux sont inoffensifs, ils sont totalement démunis, ne possèdent rien que le peu d'eau ou de nourriture qu'on leur donne. Ils sont si simples, si stupides et ignorants, sans défense, que les hommes n'ont réellement aucun droit de les chasser, de les tuer pour les manger. Les bœufs, chevaux, mulets et autres ont une vie morne et un sombre destin. Ils ne peuvent profiter d'aucune des facilités qui nous sont departies : même les traitements des vétérinaires sont pour notre profit plutôt que pour le leur. Dans le cas d'un accident qui n'arrive pas par sa faute, un humain peut recourir à la loi. L'animal qui aura eu les jambes brisées par un tel accident a seulement le droit d'être tué. Il n'existe pour lui aucune justice. La vie animale n'est que souffrance.

Laissons de côté la souffrance des enfers et celles des domaines des *prêtas*, bien que nous ne soyons jamais sûrs de ne pas y renaître ; une vie vertueuse est une certaine garantie de renaissance humaine. Le Bouddha lui-même a enseigné que la souffrance était le fruit d'actions mauvaises et Bouddha n'enseigne que la Vérité.

En pensant à cela et Lui faisant confiance, nous abandonnerons toute mauvaise action, même au péril de notre vie.

Jusqu'ici nous avons parcouru le chemin de l'homme à la Vision Etroite, et ce qui suit est le chemin de l'homme à la Vision Moyenne.

9e pratique

Le bonheur des trois mondes est comme la rosée sur la pointe d'une herbe qui disparaît en un instant. Aspirer à la Libération suprême, qui est immuable, est une pratique des Bodhisattva.

On croit parfois trouver la perfection dans le Samsâra, mais cette perfection est aussi éphémère qu'une goutte de rosée sur une feuille, brillante un moment, disparue l'instant après, le seul état de bonheur stable et permanent étant la Libération. Ne pas tenir le bonheur samsârique, insubstantiel et temporaire, pour vrai est une pratique des Bodhisattva.

Comparativement aux autres formes de vie, la vie humaine est heureuse, bien que nous ne puissions pas lui faire pleinement confiance, car à moins d'être sortis de l'état samsârique, libres, nous sommes toujours sujets à retomber dans les bas royaumes. Si pendant les premières semaines de son existence intra-utérine l'embryon, étant inconscient, n'expérimente pas cet état déplaisant, dès que le fœtus se forme, l'inconfort de sa situation se manifeste. En fait, dès le début de la grossesse l'enfant souffre, mais sans possibilité de discrimination. Il souffre pour sortir de sa mère et, jusqu'à ses premiers pas, il est aussi faible qu'un vermisseau et donc souffre de dépendance. Ainsi la vie commence dans la souffrance, et continue jusqu'à la vieillesse et la mort que personne ne désire. Et quelle que soit la fin que nous ayons, il y a toujours une fin qui est souffrance. Aussi fort et souple qu'ait été le corps, un jour vient où il tombe, comme le tronc d'un vieil arbre. Avant cette fin nous perdons toute possibilité de contrôle sur nous-mêmes et sommes souvent livrés aux employés d'un hôpital. Soumis à la chirurgie, ce corps subit des mutilations, on essaie d'opérer les poumons, et même de changer le cœur. Mais de toutes manières la vie finit, ayant été comme le rêve d'une seule nuit, et nous quittons pour toujours nos parents et amis.

Le sommet de la vie humaine est atteint autour des trente ans ; c'est le moment de sa pleine vigueur et de sa plus grande activité. Mais, même alors, tout ne va pas sans difficultés ; après les soucis causés à l'étudiant par ses études et ses examens, il y a le choix ou la recherche d'une « carrière », puis les soucis du mariage. Un couple peut désirer avoir un enfant et n'en point obtenir, ou au contraire en avoir beaucoup trop. Si l'on désire avoir une jolie femme, avec un bon caractère et de charmantes manières on a de la peine à la trouver, puis on tremble de la perdre ! Il y a les inquiétudes concernant les gains : sans travail on souffre, avec trop de travail on s'épuise et souffre de nouveau. On souffre de la solitude et lorsqu'on est en compagnie on souffre de son entourage.

Il n'y a donc dans ce court temps de vie que très peu de chance de bonheur. En elle-même la naissance humaine n'a pas de sens. Nous sommes l'esclave de ce que nous croyons poséder, et notre esprit, dans notre corps, ressemble au concierge de notre propre maison. Cette vie se passe dans l'inquiétude et si, conscients de la constante insatisfaction que cette instabilité nous procure, nous nous suicidons, cela ne sert qu'à nous conduire à une nouvelle naissance sans possibilité de choix. Il faut donc sortir définitivement de ce cercle de naissances et de morts.

La nécessité de naître étant produite par le karma ne cessera qu'avec l'élimination de tout karma, et lui-même ne s'arrêtera que par l'éveil hors de toute illusion. Alors l'état de bonheur permanent provenant de l'abandon total de l'Ignorance sera atteint.

La cessation de l'Ignorance est donc la Libération. Ne commettons pas l'erreur de confondre le Nirvâna et la fin de toute existence (comme le soutiennent plusieurs livres occidentaux).

Nous continuerons à exister mais, toutes les illusions karmiques s'étant dissipées, ce sera la pleine indépendance et le vrai bonheur.

Il faut examiner soigneusement comment cet état peut être atteint, et quelles sont les premières illusions à rejeter. C'est celle du concept de « je ». Les liens du désir, de l'aversion et de l'attachement s'élèvent de ce sentiment si fort d'un « moi ». Ce sera cette illusion-racine qu'il faudra analyser et pour cela utiliser les méthodes de l'école Mâdhyamaka qui permettront de « voir » la vraie nature de l'existence et dissiperont l'ignorance.

Ceci est une pratique des Bodhisattva concernant la « Vision Moyenne » indiquée dans le Lam-Rim.

10e pratique

Depuis les temps sans commencement nos mères ont pris soin de nous avec tendresse. Pendant qu'elles souffrent, qu'ai-je à faire du bonheur ? Aussi, afin de libérer l'infinité des êtres, produire Bodhichitta est une pratique des Bodhisattva.

Depuis les temps infinis, la plupart des êtres vivants, sinon tous, ont été nos parents et ont pris soin de nous avec tendresse.

Réaliser que ces « mères » restent dans les trois états de souffrance samsârique et les négliger serait une ignoble attitude. Nous libérer de toute souffrance et obtenir pour nous-mêmes l'Illumination et la Paix n'est pas un but très élevé ; c'est même un bonheur que nous devrions avoir honte de rechercher. N'oublions pas que nous sommes exactement comme tous les êtres vivants ; du plus instinctif au plus intelligent, tous cherchent le bonheur et fuient la souffrance et ont le droit, autant que nous-mêmes d'obtenir ce soulagement... Je vous l'ai si souvent répété.

Il est toujours valable de sacrifier une petite chose pour en obtenir une grande, donc il est valable de sacrifier le bonheur d'une personne (le nôtre) pour celui de tous les êtres vivants. Ce droit d'être heureux de tous les êtres, nous devons le ressentir comme une dette que nous avons envers eux. En effet nous dépendons les uns des autres ; sur l'immédiat plan matériel nous en dépendons pour tous nos besoins quotidiens et nous n'y pensons pas assez. Profondément la possibilité de pratiquer le Dharma mahâyâniste dépend de nos relations avec les êtres vivants. S'ils n'étaient pas là, comment Bodhichitta pourrait-il se développer en nous ?

Depuis toujours ils nous vêtent, nous nourrissent, permettent que nous obtenions un gain ; dans cette vie samsârique, tout bienfait provient d'eux, directement ou indirectement.

Un doute peut s'élever parfois : il nous semble que seuls, certains amis ou parents nous entourent de gentillesse et donc que ce n'est que vis-à-vis d'eux que nous avons des devoirs d'aide et d'amour. Mais lorsque nous voyons tuer ou torturer un animal nous éprouvons un sentiment spontané de compassion bien que nous n'ayons jamais eu aucune relation avec lui auparavant. Ce sentiment est normal. Dès lors, bien que nous ne « connaissions » pas tous les êtres, les ignorer et être indifférent à leur égard n'est ni juste, ni normal.

Un autre doute peut s'élever : nous comprenons les raisons pour lesquelles amis et indifférents doivent être les objets de notre compassion et de notre gentillesse, mais pourquoi devrions-nous avoir cette même attitude envers ceux qui nous nuisent ?

Nous devons penser que cet « adversaire » est peut-être et même certainement notre meilleur ami d'une manière très spéciale. Son agressivité est la plus grande gentillesse qu'il puisse nous témoigner et nous est favorable, car elle nous permet de développer Bodhichitta, Bodhichitta qui est la base et l'essence du Mahâyâna, Bodhichitta qui est entièrement basé sur l'amour et la compassion.

En dominant complétement l'irritation ou l'aversion que certaines attitudes peuvent provoquer en nous nous acquerrons Bodhichitta.

Le désir et l'aversion sont des illusions « racines » d'où découlent toutes les autres erreurs. A première vue le désir paraît plus nocif pour nous et l'aversion pour les autres, mais en examinant étroitement ces deux attitudes on constatera que l'aversion cause des dommages importants aussi bien à nous-mêmes qu'aux autres. Ce sentiment et ses causes peuvent être surmontés par un antidote qui est la patience envers qui les provoque. En ayant de la patience nous ne laissons aucune chance à l'irritation de se produire.

Cette pratique est l'une des plus importantes. Elle va du support quotidien des petits ennuis jusqu'à l'endurance des souffrances que nous infligent ceux que nous nommons improprement nos ennemis. Improprement, car les personnes qui nous permettent de nous entraîner à la patience doivent être considérées comme nos plus chers amis. Le Guru, les enseignements que l'on peut en avoir, nos parents et amis ne valent pas, pour nous, ceux qui nous contrarient. Dans le sens de la loi, il est permis de lutter contre ceux qui nous nuisent, mais par la pratique de la patience Bodhichitta se développera fort et pur et nous encouragera à prendre la responsabilité de tous les êtres vivants. Parfois, avec nos amis aussi nous aurons à pratiquer la patience ;

l'amitié samsârique n'est pas stable et peut facilement se transformer en antagonisme.

Aussi celui qui veut marcher sur le chemin des Bodhisattva doit-il se souvenir de l'« Entraînement de l'Esprit en huit stances » où il est dit : « Quand celui que j'ai comblé de toutes choses me fait du mal, puissé-je le considérer comme mon suprême Guru ! »

Quand nous aurons assimilé ce point difficile, au lieu d'essayer d'avoir une « revanche » sur celui qui nous irrite, nous devrons l'aimer comme notre Maître et réaliser sa gentillesse, et lorsque nous aurons pu le faire, nous n'aurons plus aucun problème avec les autres êtres, et nous réaliserons que nous ne devons abandonner aucun être vivant. Le fait de ne pas prendre soin des autres non seulement contredit le Dharma mais même la vie quotidienne, car la spécialité de l'être humain, de l'existence humaine est cette possibilité d'être altruiste et bon. Quelqu'un qui ne croit pas à la Loi du karma, mais qui passe sa vie à faire du bien aux autres, récoltera des fruits qui l'aideront dans cette vie future à laquelle nous croyons ; tandis que quelqu'un qui passe sa vie à prêcher, à étaler ses croyances et sa science sur le Dharma mais dont l'attitude est égoïste et non-compatissante aura gaspillé sa « précieuse vie humaine ».

Parler n'est pas important, pratiquer la charité et l'amour est important, ceci même pour une personne non-religieuse.

Avoir un esprit noble est un signe du Dharma mahâyâniste. A la mort d'Atīsha, ce fut son dernier mot : « Ayez un noble esprit ! » L'Upashaka Drom-Teun-Pa mourut entouré de ses disciples. Il était couché sur le côté droit et sa joue reposait sur les genoux d'un de ses disciples. Celui-ci était très triste et pleurait ; une de ses larmes tomba sur la joue de Drom-Teun-Pa qui lui dit : « Il n'y a rien de triste à cela, pratique Bodhichitta et aie un noble esprit »... puis il mourut. Ce fut le dernier mot de beaucoup de grands Maîtres, ce fut aussi celui de Tsong Khapa... ses disciples l'entouraient au moment de sa fin et tout à coup il prit son chapeau et le jeta à celui des disciples qui devait lui succéder (Darma-Rinchen qui devint Gyäl-Tsab-je), le regarda longuement et lui dit : « Aie un noble esprit », puis il passa... Darma-Rinchen déclarait par la suite : « Avoir un noble esprit est l'essence même du Mahâyâna. »

Cette attitude qui nous permet de considérer le bien-être des autres comme plus important que le nôtre est la seule attitude juste et petit à petit nous encourage à sacrifier toujours plus pour eux.

Dans le Bodhicharyâvatāra il est noté : « Puisque les autres, comme moi-même, n'ont pas de différence dans leur désir de bonheur, pourquoi mettre mon effort dans mon seul petit bien-être. Puisque les autres, comme moi-même, n'ont pas de différence en voulant éviter la souffrance, pourquoi est-ce donc mon seul bonheur que je recherche ? »

Nâgârjuna dit : « Nous vivons ici pour développer notre esprit en vue de servir les autres et d'être utilisé par eux. »

Prendre la responsabilité des autres donne un pouvoir du cœur radiant, réchauffant, héroïque. Si nous ne prenons pas nos responsabilités à leur égard, nous devenons comme des animaux. Les animaux savent se mettre à l'abri, se débrouiller pour manger et pour se défendre. En faisant comme eux, nous n'avons avec eux qu'une légère différence d'apparence. Développons donc Bodhichitta dont les Sûtra et les Tantra accentuent la nécessité.

Mais comment pouvons-nous le faire ? Nous avons des possibilités extrêmement limitées... « Comme une mère sans mains qui voudrait retirer son enfant de la rivière. » Maintenant nous avons une pure motivation, mais peu de ressources. Le 1er Dalaï-Lama priait ainsi : « Puissé-je n'être jamais occupé de mon propre bien-être, mais puissé-je toujours être occupé du bien-être des autres ! Et pour cela puissé-je avoir les cinq qualités de l'œil : l'œil de chair, l'œil des dévas, l'œil de la sagesse, l'œil de la clairvoyance, l'œil de la prévoyance ! Et les six justes facilités : l'oreille des dévas, la sage parole, le pouvoir, la pénétration dans l'esprit des autres, le souvenir des précédentes vies, la cessation complète des chutes. »

Si nous n'avons pas ces habiletés nous ne pouvons rien faire. Pour être capable d'aider complètement il faut avoir parcouru tout le chemin et être au but. C'est pour cela que je vous enseigne. Nous avons, vous et moi, un lien karmique très fort ; notre rassemblement ici est un effet de causes peut-être très lointaines qui se perdent dans le passé. (Toutes les histoires de Bouddha font état de ces liens karmiques qui font rencontrer maître et disciples d'innombrables fois avant le final accomplissement.) Si un jour j'atteins la Bouddhéité je pourrai vous aider efficacement, plus que d'autres Bouddha ne pourraient le faire, à cause de ces relations que nous avons eues depuis si longtemps. Il en est de même pour vous. Les personnes qui vous entourent et qui ont jalonné votre vie, « vos » vies, vous pourrez les aider très particulièrement quand vous arriverez à l'état de Bouddha. Chaque Bouddha est responsable, plus encore que de tous les autres êtres vivants, de ceux avec lesquels il a été en contact étroit. Si vous comprenez cette notion vous pouvez déjà commencer à aider, puis sentir que c'est indispensable que vous preniez l'entière responsabilité des êtres vivants.

Ce n'est donc qu'à l'état de Bouddha que toutes les possibilités d'aider les êtres vivants s'épanouissent ; au 10e stade (*bhûmi*) même un Bodhisattva (qui peut tout de même aider beaucoup) ne peut le faire totalement. Il *faut* la Bouddhéité... Là tout est bien, et l'unique condition devant encore être remplie est la possibilité de contact avec les êtres vivants qui dépend de ces derniers. Il y a deux attitudes de l'esprit : la première est le désir d'aider les êtres vivants, la seconde est d'atteindre pour cela, la Bouddhéité. De ce double désir s'élève un esprit qui est Bodhichitta.

Nous ne pouvons pas appeler Bodhichitta un désir sentimental et passager d'aider les autres quand certaines circonstances nous y poussent ou que notre humeur nous y porte. C'est une forte volonté, calme et stable, qui doit être constamment présente dans notre esprit. Pour commencer cela demande des efforts et notre amour pour les êtres est faible et limité, mais peu à peu l'esprit s'accoutume à ce double sentiment qui se développe et devient sa vraie nature. Et à ce moment-là c'est le vrai Bodhichitta.

Engendrer ce qui n'est pas encore né, puis développer ce qui a été engendré est l'essence des pratiques des Bodhisattva.

11e pratique

Toutes les souffrances, sans exception, viennent du désir du bonheur pour soi-même, alors que la Parfaite Bouddhéité naît du désir de rendre heureux les autres. C'est pourquoi échanger complètement son bonheur contre celui des autres est une pratique des Bodhisattva.

On trouve dans le Bodhicharyâvatāra :

« Toutes les souffrances du monde viennent du désir du bonheur pour soi. Tous les bonheurs du monde viennent du désir du bonheur des autres. »

Et dans la Guru-Pûjâ :

« Il n'est pas nécessaire d'expliquer plus, regardez les faits : les gens enfantins ne songent qu'à leur propre confort. Bouddha ne travaille que pour le bien des autres. »

Nous avons la précieuse occasion d'écouter les enseignements du Bouddha qui nous ont été transmis par Manjushrî, Nâgârjuna, Shântideva ; mettons-les en pratique en tenant les autres pour plus chers que nous-mêmes, abandonnons toute attitude égoïste en en comprenant les raisons : désirer son propre bonheur est la racine de toutes les vues fausses. Se chérir est la porte ouverte à chaque chute, chérir les autres est le terrain propice à toute qualité.

Pour donner plus d'énergie à cette attitude, pratiquons l'entraînement de l'esprit appelé « l'échange de soi avec les autres » et l'exercice « Prendre et donner » (Thong lèn).

Ce dernier se pratique comme suit : réfléchir aux souffrances inhérentes à tous les êtres vivants, les examiner en détail, s'en souvenir et se les énumérer, les contempler profondément en pensant à leurs causes et à leurs résultats ; engendrer une très forte compassion, puis se visualiser au centre de tous ces êtres en désirant prendre pour soi leurs malheurs et leurs obstacles, en désirant leur donner notre paix, nos propres joies. Pratiquer une profonde respiration en suivant ces pensées, visualisant que pendant l'aspiration nous attirons sur nous leurs souffrances, que par l'expiration nous leur envoyons le résultat de nos actes méritoires, notre paix, notre joie sans rien garder pour nous.

Suivant une des prières de la « Guru-Pûjâ » (Lama Chöpa) nous dirons :

« Vénérable Maître, bénissez-moi, afin que toutes les graines des mauvais actes des êtres vivants qui sont comme mes mères, puissent mûrir en moi, et qu'en sachant donner mes mérites et mes joies, tous les êtres vivants puissent connaître le bonheur. »

Dernier jour de l'enseignement

Le fait d'arriver au dernier jour de ces enseignements nous rappelle l'impermanence de toutes choses et nous rappelle, encore une fois, la rapidité avec laquelle s'écoule notre vie qui aboutit si vite à son dernier jour. Si elle a été bien remplie, tant mieux, mais si elle a été vaine, il n'y a plus rien à faire qu'à employer le pouvoir opposé de la repentance, qui est une force. Le repentir imprégnant notre esprit est extrêmement important. Il ne faut pas qu'il soit un sentiment intermittent ou passager, conditionné par de furtives émotions. Il faut qu'il soit permanent, provenant d'une réalisation lucide de nos erreurs, d'une certitude profonde de la loi du karma et de ses fruits. Nous devons prendre la ferme décision de passer le temps qui nous reste à vivre, quelle qu'en soit la durée, selon ce qui nous est accordé par notre propre karma, à suivre le chemin vertueux, à éviter les « fausses vues » et ce qui en résulte, à se comporter suivant les indications de Bouddha, suivant ses injonctions, à vivre donc « précieusement » cette « précieuse » vie humaine. Et afin qu'elle soit vraiment précieuse, écoutez et mettez en pratique l'enseignement des « Trente-sept pratiques des Fils de Bouddha » dont je vais brièvement récapituler les points que nous avons exposés hier.

Je vous ai parlé de la 7e pratique, prendre Refuge, sur laquelle voici encore quelques commentaires complémentaires.

Nous devons observer les règles inhérentes à la prise des Refuges, soit prendre Refuge uniquement dans le Bouddha et la Bouddhéité et ne pas prendre Refuge aussi dans d'autres dieux des diverses traditions ou dans certains esprits.

Une autre règle est celle du respect que l'on doit avoir pour toute effigie du Bouddha et, en général, pour tous les objets sacrés.

Dans ce temps de dégénérescence le commerce d'objets religieux est devenu très courant et c'est un tort. Dans cet ordre d'idées copier ou restaurer un livre ancien avec la motivation de le conserver ou de répandre le Dharma est très méritoire, mais si le but n'est que lucratif, c'est mal. Imprimer un livre qui « informe » sur le Dharma est valable, mais faire commerce pour son intérêt et sans motivation informatrice des objets religieux ou des Ecritures sacrées est regrettable. On doit être respectueux dans ses gestes : ne pas jeter les livres exposant le Dharma par terre, ne pas se débarrasser n'importe comment de statues ou d'écrits sacrés. Une des règles concernant le Dharma consiste à faire très particulièrement attention, après avoir « pris Refuge », à ne nuire volontairement à aucun être vivant, à n'avoir envers eux aucune pensée agressive. Ainsi que je vous l'ai dit, le respect est très important. Sous n'importe quelle forme et dans n'importe quel langage ; l'irrespect actuel est une cause d'ignorance. Bien que ce soit particulièrement difficile dans le temps où nous vivons, je vous demanderai d'être extrêmement attentif au respect. Ne critiquons pas le Sangha ; lorsque nous critiquons un moine, nous les critiquons tous... et sans pouvoir être aussi respectueux que le Lama Dom-Teun-pa qui poussait son attention au Sangha jusqu'à ramasser les morceaux d'étoffe rouge et jaune qu'il trouvait (car ils auraient pu faire partie du vêtement d'un moine), ayons de la déférence pour les moines et les nonnes. Le laïque qui respecte un moine considère le Sangha comme un « champ de mérites », pensant que chaque moine est un « objet » de Refuge, ce qui implique, bien entendu, que les moines soient dignes d'être cet « objet ». La règle concernant la prise de Refuge dans le Sangha consiste aussi à ne pas se lier à la légère avec de nouveaux camarades, à ne pas faire confiance à quelqu'un qui, n'étant pas dans le Dharma, montre tout de même une certaine autorité spirituelle.

Nous arrivons de nouveau à la 8ᵉ pratique, qui traite de la Loi du karma et des actes non-vertueux à éviter, et bien que ce soit une pratique des Bodhisattva, elle est prépondérante surtout au début de leur carrière, et donc fait partie du Chemin de la Vision Etroite.

La 9ᵉ pratique appartient déjà au chemin de la Vision Moyenne. Ce chemin commence par la réalisation profonde de la Vraie souffrance ; le Lam-Rim indique qu'on doit se pénétrer, réaliser les causes de cette souffrance qui sont les erreurs conduisant au Samsâra, entraîner son esprit à cette vision et le développer par les trois pratiques : Shîla (moralité), Samâdhi (méditation) et Prajnâ (sagesse) soutenues par un très violent désir d'atteindre la Libération. Cette triple pratique est une sûre méthode pour atteindre les huit mûrissements. Tsong Khapa disait : « On ne peut jamais être satisfait avec les plaisirs samsâriques ; même s'ils semblent parfaits, ils sont la porte de la souffrance... Voyant ceci, bénissez-moi, afin que je sois capable d'engendrer un désir intense du Nirvâna. »

Une des caractéristiques de la souffrance est celle-ci : plus on prend, plus on reçoit et plus on veut obtenir, moins on est satisfait de ce que l'on possède déjà. Cette permanente insatisfaction provient du fait que le bonheur samsârique n'est jamais sûr, on ne peut pas compter sur sa durée. Il n'y a aucune certitude dans la stabilité de notre « standing » social, dans nos affections, ni même dans ce corps. Si l'on a un excellent compagnon qui nous accompagne tout le long de cette vie, nous devrons le quitter à la mort et on ne le reconnaîtra pas dans la vie future. Le voyage samsârique s'effectue seul. Cette solitude et la condition d'être « séparé » sont parmi les pires souffrances samsâriques. Il y en a beaucoup, mais elles peuvent être groupées en six principales, énumérées ci-dessus et dont l'une non encore nommée et non la moindre est d'avoir dû prendre naissance dans le Samsâra. Car une fois cette première cause accomplie, toutes les autres suivent automatiquement et la ronde continue... nous mangeons à chaque fois les fruits amers de la récolte du passé. Les « illusions » étant les causes impures du Samsâra, les effets, soit les naissances répétées, produisent de nouvelles illusions et un nouveau karma... Le Samsâra se caractérise comme étant de la nature de la souffrance et possédant cinq attributs douloureux : naissance dans la souffrance — naissance pouvant être causée par des erreurs (étant conduite par l'Ignorance) et de ce fait se produire dans des matrices inadéquates — causant les mêmes erreurs pour le futur — provoquées par le karma, donc sans liberté pour la vie présente — sans liberté pour la vie future. Et tout ceci se renouvelle jusqu'à ce que nous soyons libres de cette existence. De par cette production du karma et de ses fruits, il ne peut être question de bonheur permanent. Nous devons donc sortir de cette situation de prisonniers, de cet état samsârique et les trois pratiques indiquées : Shîla, Samâdhi, Prajnâ sont les vrais antidotes qui ont le pouvoir de détruire ces causes et conditions.

Nous avons déjà longuement parlé de la 10e pratique ; cependant nous ajouterons quelques considérations au sujet de la « pratique des Bodhisattva en commun avec le chemin de la Vision Large ». Dans un entraînement de l'esprit appelé « La Roue des Armes » et tendant à combattre l'attitude égoïste, il est dit : « Un démon ordinaire et extérieur peut faire du mal, mais il est temporaire, tandis que le démon intérieur cause un mal permanent. » Le démon le plus intérieur, le plus ancré en nous, est la notion du soi séparé, l'avidité du « moi » ; cette profonde ignorance entraîne toutes les fausses vues après et avec elle, dont l'affection pour soi-même est la principale. Ces deux erreurs-racine : préhension du soi et amour du soi sont les pires que nous puissions avoir. Elles s'accompagnent et se supportent l'une l'autre ; la jalousie, la convoitise, l'aversion et tant d'autres états douloureux en découlent. En méditation, ce sont ces deux erreurs de base qui provoquent l'assoupissement de l'esprit, la dispersion, la distraction. Ainsi la vraie pratique du Dharma n'est pas chose aisée et le vrai pratiquant doit être un soldat qui combat sans cesse ses ennemis intérieurs dont le chef est cette croyance au « soi » que tous les autres entourent et suivent. On est parfois découragé par les difficultés qui s'élèvent, mais on doit penser que si dans les combats du monde une victoire n'est jamais définitive, dans les combats de l'esprit une victoire complète peut être obtenue.

Si dans le monde une bataille ne termine pas une guerre (et même généralement une guerre prépare la suivante) intérieurement, une bataille gagnée anéantit les démons vaincus.

Les Gurus Kadampa disaient : « Combattre les illusions est notre responsabilité. » Geshé Ben-Gung-gyal disait : « Ma pratique consiste à maintenir les illusions à la porte de mon esprit en employant les armes des forces opposées... si elles se montrent agressives ; je les combats... si elles restent tranquilles, je suis en paix. »

Cette même difficile responsabilité est celle de tous les pratiquants du Dharma ; Bodhichitta et la réalisation de Shûnyatâ ayant de saines fondations permettent de gagner pour toujours. Ce sont nos armes, qui sont indestructibles.

La préhension du soi et la complaisance en soi sont supportées par les Mâras qui aident notre ignorance à produire ces illusions. Mais, eux aussi sont sous le pouvoir de l'ignorance, pouvoir donc temporaire et sans fondement, sans vraie réalité. Tôt ou tard la Juste Vue en triomphera avec l'aide des Bouddha et des Bodhisattva combattant pour nous par leur pouvoir et leur compassion.

Dans le Bodhicharyâvatāra il est dit : « Depuis des *kalpa,* les Bouddha contemplatifs considèrent avec leur omniscience que Bodhichitta est l'aide principale des êtres vivants. »

Bien que nos ressources présentes soient faibles, en pensant comme eux, et en faisant effort pour développer en nous Bodhichitta et arriver à la réalisation de Shûnyatâ nous pouvons être assurés de la victoire malgré les obstacles de nos illusions qui sont périssables, de par leur nature propre, alors que la plus subtile conscience qui est dans l'être a la potentialité de réaliser la Vue Juste de Shûnyatâ. Lorsque cette conscience subtile arrive à cette réalisation, les consciences grossières qui prennent pour vraies les apparences, se dissolvent. La certitude de ce processus est un encouragement. Le premier pas en est de vaincre notre attitude égoïste en essayant de voir les qualités des autres et en les chérissant. Dans la Guru-Pûjâ il est dit : « Celui qui conduit les autres vers le bonheur peut voir cela comme la porte d'où viennent d'infinies qualités. Bénissez-moi afin que je sois capable de tenir les êtres vivants pour plus précieux que ma propre vie. » Cette attitude de l'esprit est le maître intérieur, le sauveur des êtres. C'est en réalisant toutes ces qualités que nous devons conduire toutes nos actions ; en marchant, en mangeant, en nous promenant, même en dormant, nous devons ainsi développer notre esprit. Si nous le faisons nous devenons « suprêmes » dans la pratique du Dharma et c'est la plus haute méthode de purification. Il n'y a rien de plus grand que cela.

12e pratique

Si sous l'emprise d'un désir violent ou d'une cruelle nécessité un misérable vole nos possessions ou incite quelqu'un à les voler, être plein de compassion, dédier pour lui son corps, ses biens et ses vertus des trois temps, est une pratique des Bodhisattva.

Hier nous avons vu *thong lèn* et « l'échange de soi avec les autres » dans un sens général ; cette pratique-ci nous les fait voir sous un jour très particulier. Dans les circonstances décrites ci-dessus il serait parfaitement légal, et même légitime d'avoir de l'aversion pour celui qui nous spolie et d'utiliser contre lui les moyens que la société met à notre portée. Mais une personne désireuse de pratiquer Bodhichitta doit s'en abstenir absolument. Nous devons lui donner, non seulement ce qui lui est nécessaire, mais tout ce qu'il nous demande, que ce soit notre corps, nos biens ou notre vie, spontanément, afin qu'il ne commette pas une action pire en nous faisant violence.

Voici comment le Guru qui a composé cet enseignement a réagi dans des circonstances semblables. Il venait du Monastère de Sakya et fut dévalisé par des voleurs en cours de route. Craignant qu'il n'appelle au secours, après l'avoir dépouillé, les brigands voulurent s'enfuir. Il les pria de n'en rien faire, disant : « Je n'appellerai pas au secours, mais si vous partiez maintenant vous m'auriez “ volé ” ces choses et ce serait pour vous une faute, aussi afin que vous ne supportiez pas les conséquences de cet acte, je vous les dédie, je vous les donne et donc, de ce fait, vous les aurez obtenues tout à fait normalement. » La surprise des malfaiteurs fut telle que leur esprit changea et qu'ils devinrent ses disciples.

13e pratique

Que l'on nous batte ou que l'on nous torture, nous ne devons laisser aucune aversion s'élever en nous. Avoir une grande compassion pour ces pauvres êtres qui nous maltraitent par ignorance est une pratique des Bodhisattva.

Cette pratique est semblable à la précédente. Prendre sur soi-même les conséquences des actes mauvais qui sont toujours commis par ignorance est une manière efficace de pratiquer « l'échange de soi-même avec les autres ».

De même la

14e pratique

Si sans raison aucune, certains me calomnient au point de remplir le monde entier de ces médisances ; louer avec amour leurs vertus est une pratique des Bodhisattva.

15e pratique

Si dans une compagnie de plusieurs personnes l'une d'elles révèle une faute que nous voudrions cacher, ne pas s'irriter contre celui qui nous traite ainsi, mais le considérer comme son suprême Guru est une pratique des Bodhisattva.

Et pourquoi devrions-nous le considérer comme notre « suprême Guru » ? Parce que nous ne reconnaissons jamais nos fautes, nous nous en détournons et essayons de les minimiser. Or, dans les Ecritures il est dit que le Maître doit nous présenter le Dharma comme un miroir dans lequel nous reconnaîtrons nos erreurs, celles du corps, de la parole et de l'esprit. Donc si quelqu'un se charge d'être le miroir, il nous donne une vraie directive spirituelle. Le Maître nous décerne blâme et louange ; les deux sont bons, car la louange nous rend heureux et il est agréable de l'être. Mais le blâme est meilleur, car il nous indique nos faiblesses alors que la louange avive notre orgueil. Dans le même ordre d'idées la souffrance peut être considérée comme bienfaisante, car elle nous fait souvenir du Dharma, tandis que, pendant que nous sommes heureux, nous « mangeons » les fruits de notre karma méritoire, et quand on a mangé un fruit, il n'en reste plus.

16e pratique

Si quelqu'un que nous avons aidé et protégé comme notre propre enfant ne nous rend qu'ingratitude et aversion ; avoir pour lui la pitié tendre d'une mère envers son fils malade est une pratique des Bodhisattva.

Cette pratique des Bodhisattva est difficile ; c'est pourquoi je l'illustrerai par une anecdote du Tibet s'y rapportant et notée dans les « Louanges au 7e Dalaï-Lama ».

Celui-ci avait un sujet en qui il avait confiance et qu'il avait grandement favorisé. Petit à petit, cet homme, acquérant un pouvoir personnel de plus en plus grand, se tourna contre le Dalaï-Lama, essayant premièrement de le détrôner puis même, de le tuer. Jamais le Dalaï-Lama n'employa ses propres pouvoirs légaux contre lui ; il resta à son égard calme et équanime, parlant de lui avec affection, et le chroniqueur termine ainsi son récit : « Comme une mère blessée au couteau par son enfant à l'esprit égaré, lui rend cet acte dénaturé par un surcroît d'amour, dans votre compassion vous avez aidé et soutenu cet être dégénéré qui voulait vous nuire. »

17e pratique

Si un être qui est votre égal ou un être qui vous est inférieur de manière évidente vous méprise ou essaie par orgueil de vous abaisser, le respecter comme son maître est une pratique des Bodhisattva.

C'est une pratique très bénéfique car ce genre de circonstances est fréquent dans notre vie quotidienne. Quelqu'un nous traite avec supériorité ou nous accable avec prétention d'une connaissance qu'il est loin de posséder. Notre première réaction sera un sentiment d'irritation et d'impatience. L'« entraînement de l'esprit » consistera alors à s'asseoir en méditation, à visualiser cette personne en face de nous, à la contempler tranquillement en nous visualisant, nous prosternant à ses pieds. En répétant cette pratique, l'antipathie que nous éprouvions pour cette personne se dissipera et nous arriverons à l'aimer. Nous devons toujours nous souvenir que nous devons être les plus humbles de tous ; nous sommes et devons être les serviteurs de tous les êtres.

Le Guru Kadampa Geshé Lang-ri-thang-pa dit dans « l'Entraînement de l'esprit en huit stances » : « N'importe où je me trouve en compagnie puissé-je penser de moi-même que je suis le moindre parmi eux et tenir les autres pour suprêmes dans le fond de mon cœur. »

18e pratique

Quand nous sommes abandonnés, accablés de maladies et de soucis, ne pas nous décourager, mais penser à prendre sur nous les mauvaises actions commises par les êtres, et à souffrir leurs conséquences est une pratique des Bodhisattva.

Deux circonstances sont particulièrement dangereuses : lorsqu'on est trop heureux, ou lorsqu'on est trop malheureux. Une personne affligée de tous côtés et qui n'en voit pas l'origine dans une faute, qui est malade, angoissée, tourmentée dans son esprit, séparée des siens, court le risque de perdre la foi dans le Dharma. Mais si, à ce moment-là elle peut penser : « Puissé-je souffrir pour tous les êtres vivants et prendre sur moi leurs fautes, je dédie à cela mes souffrances actuelles », alors, cela devient une pratique des Bodhisattva.

19e pratique

Quand on a une bonne réputation et le respect de tous, la richesse de Vaishravana, voir que ces fruits du karma sont sans substance, et ne pas avoir l'orgueil de cette constatation est une pratique des Bodhisattva.

L'autre circonstance dangereuse provient d'un trop grand bien-être : Lorsque tout vous réussit, qu'on a de l'argent, une bonne santé, une heureuse famille ; que chacun vous témoigne de l'affection et vous admire, et si en plus on est jeune et beau, on est persuadé de la perfection du Samsâra, on oublie le Dharma, petit à petit on commet de petites erreurs, puis de plus grandes. L'orgueil aidant, on ne pratique plus du tout ; l'obscurité et la ronde des fausses vues commencent...

Tsong Khapa était éveillé au danger de l'orgueil et disait :

« Quand quelqu'un me respecte ou me loue, immédiatement la notion d'impermanence s'élève en moi. Impermanence... celle du plaisir que je ressens à cette louange ; pourquoi devrais-je en avoir de la vanité quand bien certainement je suis antipathique à d'autres ? Et pourquoi devrais-je m'irriter des choses désagréables que j'entends, quand d'autres me couvrent de compliments ? » Louanges et blâmes ne sont que des mots, une toute petite erreur involontaire peut provoquer un reproche, rien de tout cela ne doit nous agiter. Critique ou admiration, richesse ou pauvreté, maladie ou santé, tout est impermanence, c'est la loi du Samsâra.

Le Lama Drom-teun-pa déclare : « Il est très difficile de rester debout sur la pointe des pieds, de dresser avec orgueil la tête plus haut que les autres ; il est plus sûr de se faire humble et petit. »

Il faut être constamment attentif et c'est important de mettre fréquemment à l'épreuve sa propre motivation, car il est malheureusement possible de pratiquer un Dharma de paroles et de pure forme. Cultiver l'humilité qui est une source de bonheur était chose aisée au Tibet étant donné notre structure sociale et l'admiration que l'on a, chez nous, pour cette qualité. C'est moins facile dans les pays de l'Ouest, parce que le système social n'y est pas propice et que dans la vie quotidienne et surtout professionnelle, se montrer humble nous « dévalue ». Cependant où que nous soyons, nous devons pratiquer cette vertu qui est essentielle dans le Dharma mahâyâniste.

20e pratique

A moins que cesse l'agressivité intérieure de nos adversaires, plus nous les combattons, plus ils se multiplient. De même jusqu'à ce que nous ayons dompté notre esprit les forces négatives nous envahissent. Discipliner cet esprit par l'amour et la compassion est une pratique des Bodhisattva.

Le Bodhicharyâvatāra indique : « Comment pourrions-nous trouver assez de cuir pour recouvrir toute la terre, alors qu'avec une seule petite pièce, une semelle de notre soulier, nous pouvons la parcourir tout entière ? » « Les êtres malfaisants sont suffisamment nombreux pour remplir l'espace entier, comment pourrions-nous tous les vaincre ; mais en surmontant l'aversion qui est en nous pour eux, c'est comme si nous les dominions tous. »

Faire cesser par la violence les antagonismes qui amènent les guerres est impossible pour le présent, n'a jamais été possible dans le passé et ne le sera pas non plus pour le futur. Mais si chacun anéantissait sa propre agressivité, les guerres ne pourraient plus exister.

Sans cette méthode, il suffit qu'un fait éveille de l'animosité chez quelqu'un pour que deux révoltés en résultent, et s'affrontent. On tente de les soumettre par la violence et aussitôt ils se multiplient, chacun invoquant son « bon droit » à combattre. Ainsi la révolte s'étend et devient guerre. Il peut y avoir dans le monde et dans certaines contrées des périodes de calme, mais le sens de la séparativité et de l'agressivité reste latent, sous-jacent et à la moindre occasion les conflits reparaissent. Cela prouve qu'il y a quelque chose de faux dans notre manière de pratiquer le Dharma. Ce qui est « politique » est sujet à la corruption, mais la source de cette corruption est à l'intérieur de chaque être humain. Donc notre devoir personnel est de vaincre en nous tout sentiment de vindicte ;

ce peut être fait par la force de l'amour et de la compassion.

Tsong Khapa fait ainsi la « Louange de Bouddha » : « Sans brandir une épée et sans porter une armure, les millions de forces de Mârâ sont vaincues par Vous seul. Qui d'autre que Vous peut connaître cette victoire ? Elle est le résultat d'une immense compassion et d'un amour intense. »

Si personne ne tente d'apporter la paix, les conflits empirent, mais un seul être paisible et sans passion peut beaucoup. Sans agitation intérieure on peut discuter fructueusement, et de ce fait trouver des solutions. C'est cette agitation intérieure qu'il faut calmer ; elle provient toujours d'une émotion relative à l'attachement, à l'aversion ou au désir. Dompter son esprit est une pratique des Bodhisattva.

21e pratique

La nature des plaisirs sensoriels est celle de l'eau salée ; plus on en use, plus notre soif pour eux augmente. Abandonner les objets envers lesquels le désir s'élève est une pratique des Bodhisattva.

Les objets de notre désir peuvent bien être comparés à l'eau salée ; plus nous en profitons et plus notre avidité croît pour eux sans jamais être satisfaite, de sorte que tous les plaisirs et les joies qui proviennent du désir ou de l'attachement sont profondément néfastes.

L'exemple le plus évident est celui du plaisir sexuel. Il paraît être immédiatement bonheur, mais s'avère souffrance et cause de souffrance. On peut le comparer à de l'urticaire ; lorsqu'on est atteint de cette maladie, se gratter produit un soulagement, mais cela donne envie de se gratter de nouveau et finalement cela produit une infection. Se gratter quand on a de l'urticaire est plaisant, mais ne pas avoir d'urticaire est mieux.

Les plaisirs samsâriques sont agréables, mais passagers ; être sans avidité pour eux permet un état de vrai bonheur.

Nâgârjuna dit dans le Ratnāvali : « Puisque plus tu jouis de l'objet de ton désir, moins il te donne de satisfaction, voyant cela, quel que soit l'objet de ton désir, abandonne-le immédiatement. »

Jusqu'ici ces pratiques du Bodhisattva concernaient le relatif Bodhichitta. Nous parlerons maintenant de l'ultime Bodhichitta et nous commenterons deux méditations : l'espace comme méditation et l'illusion comme méditation.

22e pratique

Tout ce qui apparaît vient d'une illusion de l'esprit et l'esprit lui-même est depuis les temps infinis sans existence inhérente, libre des deux extrêmes de la manifestation (éternalisme et nihilisme) et au-delà de toute élaboration. Comprendre cette Nature (Tathâtâ) et ne pas concevoir sujet et objets comme réellement existants est une pratique des Bodhisattva.

Les Vijnânavâdins disent que tout ce qui apparaît est de la nature de l'esprit. Chandrakirti, de l'école Mâdhyamika dit : « Chaque chose qui apparaît n'existe pas selon une nature indépendante, mais comme vision de l'esprit relatif, et de ce fait n'a pas d'existence absolue. Si les objets avaient une existence intrinsèque, plus on les examinerait et plus on les analyserait, plus ils deviendraient clairs et précis, mais en fait au lieu de cette précision, ils deviennent confus à l'examen, s'évanouissent, et on finit par ne plus du tout les trouver. » Ce qui ne veut pas dire, du reste, qu'ils n'existent pas du tout, sinon nous n'aurions, par eux, aucun plaisir ni aucune souffrance. Donc ils existent mais quand on cherche leur vraie nature on ne trouve pas, supportant leur apparence, une existence tangible, indépendante ; ce qui prouve qu'ils n'existent que relativement, par une projection de notre esprit, lui-même relatif ; et le fait qu'ils nous apparaissent comme intrinsèquement existants est une preuve que notre perception elle-même est illusoire.

Le 7e Dalaï-Lama dit : « Les objets qui passent dans l'esprit d'un homme endormi sont un rêve, ils sont une seule apparence, sous laquelle il n'y a pas d'objets tangibles, ils sont une vue de l'esprit. De la même manière, soi-même et les autres, le Samsâra, le Nirvâna sont une désignation par le nom et la connaissance qu'on en a ; il n'y a donc aucune existence intrinsèque, pas même celle du plus petit atome. »

Chaque phénomène semble exister réellement sur la base de son apparence, mais en fait il n'existe pas du tout comme nous le voyons. C'est ainsi pour les objets des six sens ; pour les êtres endormis du sommeil de l'ignorance tout ce qui apparaît semble exister comme étant réellement cette base... « Ils viennent de ton esprit diabolique... »

C'est vrai, c'est la manière d'exister de toute chose, mais pour nous-mêmes, trompés par l'ignorance, chaque chose paraît avoir une existence réelle quoiqu'en vérité elle n'existe que par le nom qu'on lui donne selon la connaissance qu'on en a.

Le 7e Dalaï-Lama dit aussi : « Ainsi, que ce soit le “ je ” ou autre chose, leur existence par une nature indépendante et intrinsèque est ce qui apparaît à une perception erronée ; c'est là le subtil objet qui doit être réfuté, et pouvoir le réfuter est ce qu'il y a de plus précieux. »

Toutes les apparences, pures ou impures, n'existent que dans la vision de notre esprit, sans permanence ni indépendance de la part de l'objet, et de même, si l'on examine et cherche l'esprit, on ne le trouve pas. Il est inclus dans « l'existence » et en l'analysant nous trouvons une combinaison, un courant de moments de conscience. Nous disons « Ma conscience » et elle nous semble évidente, une, réelle. Mais pour l'analyser nous devons la diviser dans chacun de ses « moments ». L'esprit n'existe donc pas comme un tout, il n'y a pas un « ensemble » séparé des parties (moments de conscience) et bien entendu aucune des parties (les moments) ne peut être le tout.

L'ensemble (« ma » conscience, l'esprit) existe relationnellement aux parties (les moments) mais nous ne trouvons rien de valable qui puisse être cet ensemble.

Depuis des temps infinis l'esprit est séparé des deux extrêmes de l'existence inhérente aussi bien que de la totale non-existence. Il est « juste » ce que l'on peut appeler une non-soi-existence et, ainsi que le disait le 7e Dalaï-Lama la base du Samsâra et du Nirvâna est une simple projection de notre esprit, une désignation faite par lui. Samsâra et Nirvâna sont de la nature de l'esprit, qui lui-même est sans naissance ni destruction.

Voici un extrait du « Chant d'un Guru » : « Je suis un méditant de l'espace sans naissance. Rien n'existe... ni sons, ni formes... Je suis un grand menteur qui voit toute apparence comme le jeu de l'illusion. La merveille est l'union de l'apparence et du vide. J'ai trouvé la certitude de l'interdépendance qui ne trompe pas. »

Ce méditant dit qu'il est un grand menteur parce que toutes choses lui apparaissent comme réelles, alors qu'en même temps il réalise qu'elles ne le sont pas.

Si chaque chose avait une existence réelle, permanente et indépendante, il ne pourrait y avoir, en elles, aucune contradiction. Un arbre couvert au printemps de fleurs éclatantes ne pourrait pas, en automne, devenir un triste squelette, nu et dépouillé. Si vraiment la beauté de l'arbre existait inhérentement, elle serait toujours là, et si l'arbre existait il ne pourrait pas être une fois beau, une fois triste. Il en est de même avec les gens, jeunes et beaux, qui deviennent vieux et laids. Si notre esprit d'ignorance et de péché existait intrinsèquement, il ne pourrait pas devenir l'esprit d'un Bouddha. Mais tout change, beauté en laideur, jeunesse en vieillesse, péché en vertu, ce qui prouve bien que rien n'existe vraiment. Une réelle existence impliquerait qu'il ne pourrait y avoir aucun changement sur une base et que cette base serait sans cause, ni effets. Or, il y a cause et effet, bien et mal, beauté et laideur qui ne peuvent apparaître que sur des bases sans existence réelle. Dès lors, la « merveille » apparaît : Une grande variété de phénomènes apparaît, changeant suivant les causes et les circonstances.

Parce que la nature de ces nombreuses apparences est la Vacuité, elles peuvent se montrer sous différents aspects. Cela signifie que la Vacuité ne nie pas les apparences, et que les apparences ne réfutent pas la Vacuité.

C'est très difficile à réaliser, mais il faut y habituer son esprit ; il faut parfois méditer sur les apparences, et parfois sur la Vacuité ; il faut toujours équilibrer ses pratiques spirituelles et de cette manière nous pouvons espérer voir un jour la Vacuité et l'Apparence s'élever dans l'esprit, l'une supportant l'autre, la « merveille » ainsi que l'indiquait ce Guru dont je vous ai rapporté le chant.

Si les apparences existaient réellement, elles devraient être permanentes, tangibles, indépendantes. Mais quand on fait une intense analyse, tout à coup, cette vivante manière d'être là, évidente, certaine, tombe comme si un support solide se brisait ; cela se fait très soudainement, et il reste la profondeur de l'esprit ; c'est une nouvelle et éclatante certitude, impérative. Nous pouvons « en jurer ». Nous devons alors poser doucement notre esprit sur cette sorte de disparition ; si notre concentration n'est pas forte, nous ne pouvons pas le maintenir longtemps, mais ne serait-ce que pour un court instant nous devons garder notre esprit sur cette négation. A ce moment-là, il n'y a possibilité pour aucune manifestation.

« En connaissant que tous les signes de sujet et objet ne peuvent plus être saisis, réalisant cette nature de Vacuité, la non-Vision devient la suprême Vision. »

Garder son esprit sur cette négation est ce qui s'appelle « l'espace comme méditation. »

« L'illusion » comme objet de méditation est en fait une post-méditation. C'est la manière juste d'aborder les phénomènes.

23e pratique

Quand nous rencontrons un objet attirant, ou quoi que ce soit qui plaise à notre esprit, nous le voyons beau et réel, mais en fait il est vide comme un arc-en-ciel d'été. Abandonner l'attachement envers lui est une pratique des Bodhisattva.

La véritable nature des dharmas est Shûnyâta, la Vacuité ; réaliser cela est la manière juste d'approcher les phénomènes.

Quand on réalise Shûnyâta, on réalise la seule façon d'exister de toutes choses, et de ce fait on réalise que notre habituelle manière de les saisir est un mensonge, une erreur. Quand on réalise l'inexactitude de notre vision ordinaire des phénomènes, on sait aussi comment s'en servir et on ne peut plus être leur dupe. Quand on a réalisé la Vacuité, on ne rejette pas les apparences ; tout simplement on cesse d'avoir une « vue » ignorante qui par son exagération confère une existence réelle aux objets, entraînant aversion ou attachement. En état de méditation, on cherche la Vacuité d'un phénomène, on pose son esprit sur la négation trouvée et, après, on en voit de nouveau l'apparence, mais on ne la saisit qu'en tant qu'apparence, sachant ce qu'elle est en réalité, sans les émotions provoquées par les surimpositions de notre esprit.

En voyant un objet, nous pouvons très bien penser qu'il est beau, le voir beau ; mais, connaissant sa véritable nature, nous ne laisserons pas un attachement naître pour lui. En réalisant premièrement la Vraie Nature du phénomène, nous le verrons comme s'il était « un arc-en-ciel dans le ciel d'été » vide d'existence inhérente. Cela fera une grande différence. L'objet apparaît beau, et *est* beau dans sa vérité relative, mais nous savons qu'il n'est pas réel et de ce fait nous ne ressentons plus d'avidité pour lui. Le désir d'étreindre cet objet tombe, et la faculté de s'attacher à quoi que ce soit disparaît ; car toute émotion, qu'elle soit provoquée par le désir ou par l'aversion, est toujours accompagnée d'ignorance.

Dans les « Quatre Cents » il est dit : « Comme les organes des sens sont un avec le corps, le pouvoir de l'ignorance est constant à l'intérieur de nous-mêmes ; dès lors toutes les illusions qui existent ne peuvent être vaincues que par la victoire sur l'ignorance. »

Tant qu'un objet provoque en nous de l'attachement, cela signifie que nous n'en voyons pas la Vraie Nature, et nous ne pourrons « abandonner » cet attachement qu'en réalisant la Vraie Nature de l'objet. À ce moment-là, nous nous en détacherons spontanément. Pour cela nous devons, premièrement, utiliser des raisonnements sur le plan relatif, pour comprendre tout d'abord la nature relative de l'objet, l'interrelation des causes et conditions qui le font apparaître et qui nous permettra déjà de nous en « distancer » ; puis, lorsque nous aurons réalisé sa nature profonde et ultime, notre détachement sera plus aisé et plus complet. Ces méditations sont difficiles et cette réalisation ardue ; le moyen le plus efficace d'y parvenir sera, ainsi que je vous le disais précédemment, de pratiquer alternativement les deux méditations. Pour commencer, notre analyse, conduite dialectiquement, par des raisonnements logiques, aboutira à une connaissance conceptuelle de la nature des dharmas.

Ce ne sera qu'après une pratique répétée de telles analyses, permises par la concentration et l'attention d'un esprit assoupli par l'habitude de Samatâ que nous arriverons à réaliser de façon claire et précise la nature fausse de l'attachement aux objets. Celui-là tombera définitivement et cette ultime réalisation se produira spontanément, en méditation, après un long travail d'investigation.

24e pratique

Les diverses souffrances sont comme celles de la mort d'un fils unique, en rêve. Tenir pour vérité ce qui n'est qu'apparence trompeuse est une inutile fatigue du corps et de l'esprit. Quand nous rencontrons des circonstances défavorables, les approcher en pensant qu'elles ne sont qu'illusion est une pratique des Bodhisattva.

Que nous rencontrions des circonstances agréables ou des moments déplaisants, les tenir pour « illusoires » est une pratique du Dharma. Lorsque l'antipathie se manifeste pour quelqu'un ou pour quelque chose, voir la nature réelle, la Vacuité, de l'objet provoquant cette animosité, aidera à la supprimer. L'aversion sans objet ne peut vivre, pas plus qu'un feu sans bois ne peut brûler. Approcher toutes choses de cette manière est une pratique des Bodhisattva.

Il reste à énumérer les pratiques des Bodhisattva après qu'ils ont engendré Bodhichitta. Je ne les commenterai que très brièvement :

25ᵉ pratique

Si celui qui désire l'Eveil doit sacrifier son corps, sa précieuse vie humaine, qu'est-il besoin de mentionner les objets extérieurs à abandonner ? C'est pourquoi sans espérer une récompense ou un « fruit karmique » la pratique de la générosité est une de celles des Bodhisattva.

C'est Dânapâramitâ qui signifie le don parfait, total. Bien des histoires concernant les vies de Bouddha dépeignent la nécessité qu'Il a eue, dans certains cas, de sacrifier sa propre vie. Il n'est donc pas même nécessaire de parler du renoncement à son bien-être ou à ses possessions, cela va évidemment de soi. Pratiquer Dâna dans le but d'obtenir une naissance fortunée dans le sens samsârique ou de s'attirer la considération des autres n'est pas du tout pratiquer Dânapâramitâ. Donner uniquement en vue du bien des êtres vivants est une pratique des Bodhisattva.

26e pratique

Si, sans discipline éthique, nous ne pouvons pas atteindre nos propres desseins, vouloir combler les vœux des autres êtres est une pure plaisanterie. Garder les règles et les vœux, non pour un but temporel et samsârique, mais pour aider tous les êtres vivants, est une pratique des Bodhisattva.

Obtenir une nouvelle « précieuse vie humaine » ou une vie de Déva, dépend du maintien d'une juste Shîla (discipline éthique). Avec le projet d'aider les autres, cette Shîla doit être tenue avec encore plus de rigueur, car il faut se débarrasser très rapidement non seulement des passions grossières, mais aussi de leurs empreintes (sur le courant de conscience) et dans cet ordre d'idées, un Bodhisattva doit combattre plus durement qu'un Shrâvaka. Le Bodhisattva combat, car il sait que, pour pouvoir aider les autres, il doit être dans une position favorable, que cette situation favorable ne peut être atteinte qu'au travers d'une « précieuse vie humaine », et que, plus la discipline de la vie précédente aura été stricte, plus la vie suivante sera favorisée et sera un parfait instrument pour pratiquer le Dharma en vue d'aider les êtres vivants. Shîlapâramitâ (la parfaite discipline) est celle qui doit être pratiquée en ayant pour but la Bouddhéité pour pouvoir aider tous les êtres vivants.

27e pratique

Pour un Fils de Bouddha qui désire la richesse de vertueux mérites, toutes les circonstances adverses sont un précieux trésor, car elles exigent la pratique de Kshânti (la patience). Etre parfaitement patient, sans irritation, ni ressentiment envers quiconque, est une pratique des Bodhisattva.

Kshânti est une des très difficiles pratiques du Bodhisattva, mais elle est essentielle. La patience doit être présente dans toutes les circonstances déplaisantes ou douloureuses, qu'elles soient minimes, moyennes ou importantes. Si quelqu'un qui est notre supérieur nous irrite, nous serons « obligés » d'être patients, et cette attitude ne sera pas, de ce fait, d'une grande valeur. Mais pratiquer la patience vis-à-vis de quelqu'un envers qui nous n'avons aucune obligation et qui ne pourra pas nous nuire le cas échéant, a une grande importance. Etre patient dans n'importe quelle circonstance, sachant que c'est notre karma et que c'est notre esprit qui a créé cette circonstance est la vraie patience (Kshântipâramitâ) des Bodhisattva.

28e pratique

Même les Pratyekas Bouddha et les Shrâvakas qui ne sont concernés que par leur propre libération font de grands efforts pour obtenir Vîrya (l'énergie). Pratiquer parfaitement l'énergie, source de toutes les qualités pour le profit de tous les êtres, est une pratique des Bodhisattva.

Vîrya, l'effort persévérant, l'énergie est la source et le moteur de toutes les autres qualités. Dans les Ecritures il est dit que les efforts que font Pratyeka et Shrâvaka pour obtenir leur éveil peut être comparé à « ceux que l'on ferait pour éteindre un incendie allumé sur nos têtes ».

29e pratique

En comprenant que Vipâsyanâ en union avec Samatâ détruit complètement les klesha (passions, obstacles), méditer les Dhyâna qui sont au-delà des quatre sphères est une pratique des Bodhisattva.

Vipâsyanâ, dont le nom tibétain est Lhag thong, est la Vue profonde, celle qui cherche puis trouve la Vacuité des phénomènes ; Samatâ, en tibétain Shi ney, est la calme concentration de l'esprit sur un point ; l'union des deux est la pratique de Dhyâna, et c'est la méthode juste pour détruire les illusions. Pour extirper la « racine du Samsâra », pour arriver à la Bouddhéité il faut pratiquer Dhyâna. Il y a quatre sortes de Dhyâna de niveau samsârique dont l'explication déborde le cadre de ces commentaires.

30e pratique

Sans Prajnâ les cinq vertus précédentes ne peuvent être appelées Pâramitâ (excellentes, parfaites) et sont incapables de nous conduire à la Bouddhéité. Avoir la Vue juste qui perçoit que celui qui agit, l'acte et celui pour lequel on agit manquent totalement d'existence inhérente est une pratique des Bodhisattva.

On ne peut pas séparer la pratique de Prajnâ (la Vue juste) de celles des autres Pâramitâ. Pour obtenir la Bouddhéité, il faut avoir la sagesse qui voit l'inexistence du donateur, du don, de celui à qui l'on donne, le sujet, l'objet et l'agent de liaison entre les deux. C'est être encore dans l'ignorance que de pratiquer les Pâramitâ avec la notion de l'existence réelle. Qui pratique ? Que pratique-t-on ? Envers qui pratique-t-on ? Ce sont les questions que l'on doit se poser et dont on doit réaliser la réponse : sans sujet, sans objet.

31e pratique

Ne pas analyser nos actes et nos sentiments permet aux passions de se produire. Examiner nos erreurs et nos fautes pour s'en séparer complètement est une pratique des Bodhisattva.

L'attention est très importante : il faut être constamment « en alerte », attentif à ses actes, ses réactions, sa conduite, pour pouvoir donner le « coup de barre nécessaire ». C'est à la qualité de notre attention et de notre motivation que notre pratique sera reconnue comme étant celle du Dharma mahâyâniste. Pensons toujours à garder nos « trois portes » : corps, parole, esprit.

32e pratique

Ne jamais critiquer les autres et ne jamais parler des erreurs qu'ont pu commettre ceux qui sont sur le Chemin du Mahâyâna est une pratique des Bodhisattva.

Si l'on attache de l'importance aux fautes des autres, on diminuera d'autant celle des nôtres. Il est évident qu'en dehors de tout sentiment passionné, lucide et plein d'amour, on peut faire remarquer aux autres qu'ils se trompent. Mais dès qu'on est entré dans le Mahâyâna l'esprit critique doit être totalement abandonné. Nous ne connaissons que l'aspect extérieur des êtres et nous ignorons leurs motivations. Le monde contient des Bodhisattva, nous ne savons pas où ils sont et qui ils sont, et, si nous les critiquions, nous commettrions une faute importante. Vis-à-vis des personnes ordinaires il est également faux de porter un jugement. Comme le disait le 1er Dalaï-Lama :

« Nous devons toujours avoir à l'esprit la gentillesse des autres à notre égard, même si elle est involontaire, et nous devons entraîner notre esprit à cette pure vue, particulièrement sur ceux qui pratiquent le Dharma. Nous devons essayer de vaincre nos propres illusions plutôt que celles que nous « croyons » voir chez les autres. »

Nous devons sans cesse entraîner notre esprit à cette vue juste dès que nous entrons dans la pratique du Dharma mahâyâniste. Evitons avant tout de critiquer les autres branches du Dharma Mahâyâna. Les maîtres des autres traditions sont et furent très grands. S'ils ont adhéré à d'autres écoles que la nôtre ils l'ont fait avec de bonnes raisons et pour le bien de tous les êtres vivants, ainsi que le prophétisa le Seigneur Bouddha. Toute critique même légère entraîne de l'agressivité et peut dégénérer en combat, et les fautes qui en résultent seront très graves, car elles seront en rapport avec le Dharma.

33e pratique

Pour recevoir des offrandes et être entourés de respect, nous nous combattons avec un esprit de compétition au détriment de notre attention à l'étude ; notre méditation se relâche. Abandonner tout attachement envers les dons de ceux qui nous soutiennent est une pratique des Bodhisattva.

Ceci s'adresse surtout aux moines. Des maîtres du passé qui furent grands par ailleurs ont commis dans ce sens des erreurs quand ils se sont laissé impliquer dans les affaires du monde. Si on doit garder des contacts avec notre famille et nos amis, si l'on ne peut pas laisser ses propriétés, on doit avoir à leur égard un détachement paisible.

34e pratique

Les paroles dures agitent l'esprit des autres, et notre pratique s'en ressent. Abandonner tout langage grossier, vulgaire, toute parole dure et tout bavardage est une pratique des Bodhisattva.

Chacun doit faire attention à cela. Toute polémique quelle qu'elle soit est à éviter et particulièrement au nom de la religion. On doit éviter la tentation de discussions inutiles au sujet des écoles, doctrines et sectes différentes. La passion qu'on y met est une illusion qui en amène d'autres et on ne peut plus arrêter leur envahissement. C'est devant ce laisser-aller verbal que l'attention d'un esprit éveillé est le juste antidote.

35e pratique

Etant habitués à agir sous l'empire des passions, les détruire demande un grand effort. L'attention à ces forces opposées est l'arme qui permet de les repousser immédiatement. En résumé : quoi que nous fassions, dans n'importe quelle circonstance ou condition, être toujours attentif à la situation qui se présente et à la réaction qu'elle éveille dans notre esprit ; ceci, avec la motivation de rectifier notre conduite pour le bien-être des êtres vivants, est une pratique des Bodhisattva.

Mais, autant que possible, n'accueillons jamais les forces opposées, car il est difficile de s'en défaire. Si le feu prend dans une forêt sèche, il faut l'arrêter immédiatement, sinon un incendie dangereux se déclenchera ; de même si l'on voit un filet d'eau couler à un endroit inusité, il faut l'arrêter avant que l'inondation ne se produise. Comme un soldat montant la garde devant un lieu particulièrement exposé, nous devons être attentif à la moindre « erreur » qui se présente à l'entrée de l'une de nos trois portes. « Puissé-je toujours rester pur de la faute de prendre en considération les huit principes du monde.

Puissé-je, percevant que tous les dharmas sont illusoires, laissant l'attachement, être délivré de leur servitude ! »

Shântideva dit dans le Bodhicharyâvatāra : « Je vous demande, avec mes deux mains jointes, que dans toutes vos actions vous soyez éveillés et attentifs. » Avec les deux mains jointes, cela souligne l'urgence de sa requête. En lui obéissant, notre conduite sera telle que nous en pourrons faire la dédicace, ainsi que celle de nos mérites et de notre bonheur, pour tous les êtres vivants, pour toutes nos « mères samsâriques ». Nous devons être le serviteur, le fidèle sujet de tous les êtres, rien de plus haut, et ceci sera la totale pratique des Bodhisattva.

Gedun Drup, le 1er Dalaï-Lama, à la fin de sa vie, étant faible et très fatigué, se sentit un jour un peu déprimé. Un de ses disciples lui dit : « Ne vous découragez pas, souvenez-vous que Gautama Bouddha prophétisa qu'après cette vie vous irez au ciel Tushita. » Gedun Drup lui répondit : « Je n'ai pas du tout envie d'aller au ciel Tushita ; je voudrais plutôt, vie après vie, reprendre une naissance humaine dans ce monde imparfait pour aider tous les êtres vivants. » Ce sont là vraiment des paroles de Bodhisattva, et dans cette précieuse phrase, tout l'idéal mahâyâniste est résumé.

36e pratique

Dédier les mérites résultant de nos efforts à l'obtention de la Bouddhéité, à l'Illumination par la Sagesse de la Vue de la Vacuité des trois sphères d'action, ceci pour anéantir les souffrances de l'infinité des êtres est une pratique des Bodhisattva.

Ainsi, que nos efforts ne soient jamais dédiés à un objectif de ce monde, même pas au propos d'obtenir l'Eveil pour soi-même, mais uniquement atteindre la Bouddhéité par la Vue de la non-existence intrinsèque des phénomènes et dans le but de séparer les êtres de leurs souffrances.

37e pratique

La 37e pratique est l'explication donnée par le Lama Thogs-med bzang-po de son travail, et la dédicace qu'il en fait.

C'est en me basant sur les enseignements des Sûtra, des Tantra et des Shâstra que j'ai groupé ces trente-sept pratiques des Fils de Bouddha à l'usage et pour le bénéfice de ceux qui veulent suivre leur chemin.

A cause de ma faible connaissance et de mon peu de savoir, cette composition manque de la poésie et de l'élégance de langage qui raviraient les érudits, mais comme ces ensei-

gnements dépendent étroitement des Sûtra du Suprême, je pense qu'ils exposent des pratiques de Bodhisattva libres d'erreurs.

Mais la vaste conduite des Bodhisattva est difficile à comprendre et à réaliser pour quelqu'un de mon niveau d'ignorance ; aussi je demande aux Suprêmes de pratiquer la patience envers moi et de me pardonner les inexactitudes, les contradictions et les inconséquences qui ont pu se glisser dans ce texte.

Que par les mérites que j'ai obtenus par cet effort, ainsi que par le pouvoir des deux Bodhichitta, le Relatif et l'Ultime, tous les êtres vivants, sans rester dans les limites du Samsâra et du Nirvâna, puissent devenir semblable à Avalokiteshvara.

De cette manière et selon l'usage, le Guru Thogs-med bzang-po dédie ses mérites, pour que tous les êtres, développant les deux Bodhichitta se libèrent du Samsâra par le pouvoir de l'Ultime Bodhichitta, qui est l'esprit qui réalise Shûnyatâ, et que par le pouvoir du Relatif Bodhichitta, l'esprit d'amour et de compassion, ils arrivent à la Bouddhéité, pleinement illuminés comme Avalokiteshvara.

2

LA CLEF DU MADHYAMIKA

Nâma Prajnâpâramitâyi.
Hommage à la Sagesse allée au-delà !

Je me prosterne avec respect devant le Victorieux, protecteur de tous les êtres par son illimitée Compassion sans objets, qui, bien que possédant la gloire et la sagesse de l'action, n'est que le reflet du nom et de la pensée, pareil à l'illusion magique.

Ici, pour développer ces esprits nouvellement tournés vers le Dharma, j'expliquerai brièvement l'essence du nectar de Son excellente Parole, la voie dans laquelle la Vacuité et la Production interdépendante sont unies.

Nous désirons tous obtenir le bonheur et éviter la souffrance. Obtenir le bonheur et nous libérer de la souffrance dépend des actions de notre corps, de nos paroles et de l'état de notre esprit. Or les actes de notre corps et nos paroles dépendent de notre esprit. Nous devons donc essayer de modifier notre esprit. Le moyen sera de l'empêcher de faire naître des états mentaux erronés, et, au contraire, de permettre aux états vertueux de naître et de se développer. Il est, dès lors, nécessaire de savoir quelles sont les qualités que nous pouvons considérer comme justes, et quelles sont les erreurs à éviter.

Quand certains états mentaux se produisent, notre esprit, auparavant paisible, devient soudain agité et malheureux. Nous nous sentons mal à l'aise, le rythme de notre respiration s'accélère et nous pouvons même arriver à être malade physiquement. Cet état se manifeste graduellement par des paroles désagréables, puis par des actions troublant directement ou indirectement la paix des autres. Des émotions de cet ordre doivent être considérées comme néfastes. Au contraire, tout ce qui peut apporter un bonheur temporaire ou permanent à nous-mêmes et aux autres est considéré comme « vertu ». Pour empêcher que l'esprit soit la proie de ces états nocifs, diverses méthodes sont employées, telles que certains traitements du cerveau, ou plus simplement l'absorption de différentes drogues qui rendent l'esprit confus et somnolent ou même inconscient comme dans le plus profond sommeil.

De telles méthodes peuvent peut-être apporter un soulagement momentané, mais, à la longue, elles font plus de mal que de bien.

Le meilleur moyen d'améliorer l'esprit est d'essayer de reconnaître la nature de ces désastreux états en constatant leur malignité.

De même, pour reconnaître les états mentaux favorables, on s'habituera à considérer leurs résultats bénéfiques et le fait que leur fondement est valable. Par le pouvoir de l'accoutumance, par le fait de la solidité de leur base, et parce qu'elles sont des qualités de l'esprit, ces nobles qualités croîtront en force pendant que le pouvoir des qualités négatives diminuera d'autant. Notre certitude d'être capable d'effectuer ce changement positif affermira notre esprit.

De nombreux maîtres, en ce monde, ont enseigné de telles méthodes de traitement de l'esprit. Ils les ont exposées de manière appropriée aux lieux, au temps et à l'intelligence des disciples.

Le Bouddhisme aussi a enseigné diverses méthodes pour discipliner l'esprit, et parmi celles-ci, j'exposerai succinctement la recherche de la Vacuité (Shûnyatâ).

Les deux Véhicules du Bouddhisme, le Petit Véhicule (Hînayâna) et le Grand Véhicule (Mahâyâna) et pour ce dernier les Tantra aussi bien que les Sûtra enseignent la doctrine du non-soi ou de la non-substantialité (anâtman, nairâtmya). Les bouddhistes et les non-bouddhistes se distinguent, en pratique, par le fait qu'ils prennent ou non « Refuge dans le Triple Joyau », et en doctrine, par l'acceptation ou non des quatre Sceaux attestant qu'une doctrine est la Parole du Bouddha. Ce sont les suivants :

1. Toutes choses composées sont impermanentes.
2. L'existence conditionnée est essentiellement souffrance.
3. Tous les phénomènes (dharma) sont vides et non-substantiels.
4. Le Nirvâna est Paix.

C'est ce que le Bouddha a enseigné.

La non-substantialité est donc acceptée par tous les bouddhistes.

Concernant sa signification : les quatre écoles philosophiques bouddhistes (Vaibhâshika, Sautrântika, Vijnânavâdin et Mâdhyamika) acceptent toutes la non-existence de la personne en tant qu'entité substantielle autosuffisante. En outre, pour les Vijnânavâdin, les phénomènes aussi sont non-substantiels, et, de leur point de vue, il y a absence de dualité entre percevant et perçu ; les phénomènes sont de la nature de l'esprit. Pour les Mâdhyamika la non-substantialité des phénomènes consiste dans l'absence de toute existence réelle intrinsèque. Les écoles diffèrent donc sur ce point.

Une juste compréhension de ce qu'on appelle les « basses écoles » (d'un niveau de compréhension plus facile) est d'une grande aide pour accéder à une connaissance profonde des « hautes écoles » (celles qui font appel à des raisonnements plus subtils et qui sont destinées à des auditeurs de capacités supérieures). Dans l'école Mâdhyamika il y a deux divisions : Svâtantrika et Prâsangika. C'est le point de vue de cette dernière que j'exposerai ici.

On peut se demander si ces différentes thèses furent enseignées par le Bhagavân (Bouddha) et dans quels Sûtra ? Et si les divisions entre « basses » et « hautes » écoles se fondent sur une autorité scripturale ? Les particularités de ces écoles ont été effectivement enseignées par le Bouddha suivant les possibilités de compréhension différentes de ses disciples. Dans quelques Sûtra Il enseigne même l'existence de l'Atman à certains disciples, car s'Il leur avait parlé de la non-existence cela aurait pu les conduire à des « vues » nihilistes ou leur aurait fait perdre la foi dans le Dharma. Les disciples auraient couru le risque de tomber dans les « vues » extrêmes d'éternalisme ou de nihilisme si, à leurs questions, le Bouddha avait répondu que l'Atman existe, ou n'existe pas. Aussi, pour eux, Il ne parla ni d'existence ni de non-existence, mais resta silencieux, comme dans le cas des « Quatorze vues non-expliquées ». Au sujet de la non-substantialité Il proposa les différentes conceptions que l'on peut en avoir, comme je l'ai brièvement mentionné ci-dessus.

Les Sûtra auxquels les différentes écoles se réfèrent sont les suivants : les Vaibhâshika et les Sautrântika se basent principalement sur les Sûtra du « Premier Tour de la Roue de la Loi », tels que le Sûtra des Quatre Nobles Vérités (Chatvâryârya-satyâni) ; les Vijnânavâdin sur le Samdhinirmochana (le Sûtra de la sûre explication de la pensée du Sûtrayâna) et les autres Sûtra du « Troisième Tour de la Roue de la Loi ».

C'est principalement au Sûtra de la Perfection de Sagesse en 100 000 vers, et aux autres Sûtra du « Deuxième Tour de la Roue de la Loi », que les Mâdhyamika se rapportent. Les Trois Tours de la Roue de la Loi ont été établis suivant l'endroit, le temps, le sujet et les disciples auxquels ils s'adressaient. S'il fallait distinguer entre la position et la profondeur des diverses « vues » des écoles, quelle Ecriture devrions-nous tenir pour vraie quand chaque Sûtra déclare que la doctrine qu'il enseigne est « suprême » ? Si nous devions prouver qu'un Sûtra est vrai et un autre faux en ne considérant que l'autorité scripturale, le processus serait sans fin. Aussi n'est-ce qu'en se basant sur le raisonnement qu'on peut différencier les écoles en plus ou moins avancées. Les Sûtra mahâyânistes déclarent que nous devons partager les enseignements du Bouddha entre ceux qui nécessitent un commentaire (interprétables) et ceux qui peuvent être acceptés littéralement (directs ou certains).

C'est en pensant à cela que le Bouddha a dit :

« O moines et hommes sages, comme on éprouve l'or en le frottant, le coupant et le fondant, ainsi jugez de ma parole : et si vous l'acceptez, que ce ne soit pas par simple respect. »

La signification de ces phrases a été clairement expliquée par Maitreya au moyen des « Quatre Confiances » dans le Mahâyâna-Sûtra-Lamkâra (« l'Ornement des Sûtra du Mahâyâna », chap. XVIII, 31-33) :

1. On ne doit pas se fier à la personne du Maître, mais à ce qu'il enseigne.
2. Concernant l'enseignement : on ne doit pas se fier à la beauté ou à la douceur des mots, mais à leur signification.
3. Concernant le sens de l'enseignement : on ne doit pas se fier à la signification « interprétable » qui requiert une triple explication, soit : celle de la pensée implicite du Maître, de la nécessité d'exposer cet enseignement de manière adaptée à l'auditoire, et la réfutation de cet enseignement explicite. Il faut donc se fier au sens « direct » qui n'a pas besoin d'être interprété.
4. Concernant la signification certaine : on ne doit pas se fier à la compréhension dualiste que l'on pourrait en avoir, mais à la sagesse non-conceptuelle, la réalisation de la Vacuité.

Pour réaliser la perception non-conceptuelle de la profonde Vacuité, il faut d'abord se familiariser avec cette notion, puis en développer une compréhension intellectuelle. Lorsque en méditation la vacuité de l'objet apparaît clairement, la Vacuité devient une réalisation non-conceptuelle.

La connaissance initiale de la Vacuité dépend d'un raisonnement correct, et c'est sur celui-ci que reposera le développement de la sagesse, qui, en dernière analyse, se basera sur une réelle perception de la Vacuité, expérience valable, commune aux autres et à nous-mêmes. Cette réalisation est donc fondée sur l'évidence. Telle est la pensée des grands maîtres de la logique, Dignâga et Dharmakîrti.

Nous pouvons nous demander de quelle utilité sont la logique et le raisonnement philosophique pour l'amélioration de notre esprit. La noblesse et la pureté de l'esprit ne sont-elles pas seules nécessaires à celui qui pratique le Dharma, cependant que la connaissance appartient aux érudits ? Il y a de nombreuses étapes à la modification de l'esprit. Lors de certaines, l'analyse raisonnée n'est pas nécessaire quand la foi et la dévotion sont cultivées en pratiquant la concentration de l'esprit sur un point. Mais cela seulement ne développera pas une bien grande énergie. Pour accroître à l'infini les bonnes qualités de l'esprit, il n'est pas suffisant de se familiariser avec l'objet de sa méditation ; ce dernier doit être l'occasion de réflexions et de raisonnements qui lui donneront une ferme et cohérente fondation dont le pratiquant s'assurera à travers son expérience méditative. Pour le type supérieur de l'être religieux la connaissance est indispensable. Bien que, si nous étions contraints de choisir entre l'érudition et la noblesse de l'esprit, cette dernière serait plus importante, pouvant apporter à elle seule un réel avantage.

La poursuite de l'étude sans, en même temps, discipliner l'esprit, au lieu d'apporter la paix, développerait un conditionnement qui rendrait les autres malheureux aussi bien que soi-même : jalousie envers ses supérieurs, désir de compétition avec ses égaux, orgueil et mépris à l'égard des inférieurs, etc., ce qui deviendrait l'échange d'un remède contre un poison. Le goût de l'étude et la noblesse de l'esprit doivent être harmonieusement unis, et il est très important de posséder à la fois érudition, noblesse et pureté.

Pour s'assurer de la non-substantialité ou vacuité, il faut comprendre exactement la signification de « ce » qui est vide.

Shântideva dit, dans l'Introduction aux actes des Bodhisattva (Bodhicharyâvatāra, chap. 140) : « Si l'on a pas, tout d'abord, appréhendé le phénomène construit par l'esprit, sa non-existence ne peut être établie. »

Nous ne pouvons donc pas réaliser la

Vacuité sans savoir « ce » qui est vide et « de quoi » il est vide.

Pensant à un objet tangible dont nous constatons l'absence, nous appelons cette absence vide, comme nous disons que l'espace est vide. Mais ce n'est pas ce genre de vide que nous désignons par le terme de Vacuité ; quand nous parlons de Vacuité, nous ne voulons pas dire qu'une entité existante est vide d'une autre entité existante. Nous dirons plutôt que, lorsque les phénomènes sont « vides », nous avons pris leur existence inhérente comme objet à réfuter et que c'est l'absence d'une telle substantialité qui constitue la Vacuité.

Ce n'est donc pas non plus que l'objet à réfuter ait existé précédemment et soit, par la suite, éliminé. Ce n'est donc pas du tout la même espèce d'absence que nous constatons quand, une forêt que nous avions traversée, ayant brûlé, n'existe plus. Le paysage est alors « vide » de cette forêt, tandis que le vide de l'existence intrinsèque de l'objet est celui de ce qui, depuis un temps infini, n'a jamais existé réellement. Cette Vacuité n'est pas non plus celle que l'on peut constater sur le plateau d'une table dépourvu de l'habituel bouquet de fleurs. (Dans ce cas, l'objet de la négation — le bouquet de fleurs — est une entité séparée de la base de la négation : la table.) Au lieu de cela, la base dont nous rejetons l'existence inhérente n'est pas de la même nature que l'objet à réfuter. Sans comprendre ce qu'est l'objet à rejeter, c'est-à-dire à « vider », ou les caractéristiques de l'entité substantielle « si » elle existait (Atman) nous ne pouvons pas appréhender la Vacuité. Un simple néant, sans aucun sens de ce que l'objet est ceci, et non cela, n'est absolument pas le sens de la Vacuité.

Mais, si « quelque chose » n'existe pas, pourquoi prendre la peine de chercher de quelle manière il devrait être s'il existait, pour finir par constater sa certaine non-existence ? Même dans la vie quotidienne nous sommes trompés en croyant vrai quelque chose qui ne l'est pas ; de même, dans le problème qui nous occupe nous souffrons parce que nous croyons que tous les phénomènes ont une existence réelle, alors qu'en fait ils n'en ont pas.

La manière dont l'esprit conçoit le « je » est différente, suivant que nous ressentons des émotions telles que le désir, l'aversion, l'orgueil, ou que notre esprit est paisible. Notre attitude envers un objet vu dans une boutique sera différent si nous le percevons simplement sans désir de l'acheter, ou après son acquisition. A ce moment-là l'esprit s'y attachera en le saisissant comme « sien ». Dans les deux cas l'objet de référence est le même, et similaire est sa façon d'apparaître réellement existant ; la différence consiste dans la manière dont nous adhérons à cet objet après son achat. De même, quand nous jetons un premier regard sur un groupe de dix personnes, bien qu'elles nous apparaissent comme ayant chacune une existence propre, nous ne nous attachons pas forcément à cette apparence comme « vraie ». Il suffit que nous apprenions (que ce soit juste ou non) que l'une d'entre elles est très bonne ou très mauvaise, pour que la sympathie ou l'aversion naissent ; à cette occasion l'esprit tient fortement et totalement à l'« objet » comme indiscutablement réel.

Le fait de croire à l'existence intrinsèque précède et amène tous les mauvais états mentaux, quels qu'ils soient ; cette préhension du « soi » est douée de similarité avec eux et en est l'auxiliaire. C'est pourquoi il est important de s'assurer que l'objet à réfuter est « vide » et n'a, depuis toujours, jamais existé. Sans l'Ignorance qui appréhende l'existence inhérente, l'aversion et le désir ne peuvent pas naître, et il peut enfin se produire l'extinction des idées erronées qui s'élèvent sans fin, comme les vagues de l'Océan, par la force de l'attachement qui nous fait prendre pour existant ce qui ne l'est pas.

Nâgârjuna l'explique au chapitre XVIII (strophes 4 et 5) du Prajnâ-mûla (texte de base appelé « Sagesse ») :

« Quand vis-à-vis de toutes choses intérieures
aussi bien qu'extérieures

Les conceptions du « je » et du « mien » auront péri,
Toute avidité de l'existence cessera,
Et par cette extinction, les naissances prendront fin.

« Avec l'élimination du karma et des impuretés émotionnelles nous serons libérés (*moksha*).
Le karma et les émotions proviennent de fausses conceptions,
Lesquelles à leur tour proviennent des élaborations concernant l'existence intrinsèque,
Et celles-ci seront éliminées par la vue de la Vacuité (Shûnyatâ). »

Il n'y a jamais eu d'« être en soi » depuis des temps infinis ; il n'y a rien qui soit indépendant ou qui existe de par son propre pouvoir. Mais il y a la production interdépendante, qui, bien que dépourvue d'existence intrinsèque, nous apporte toutes souffrances et tous bienfaits, comme nous le savons par expérience.

Donc tous les phénomènes semblent exister par une diversité d'apparences produites interdépendamment à partir de leur nature complètement exempte d'existence réelle. C'est pourquoi chaque chose connue possède deux natures : une nature qui est sa façon superficielle d'apparaître et une autre qui est sa manière profonde d'exister ; elles sont appelées respectivement : vérité relative ou conventionnelle (samvritisatya) et Vérité ultime (paramârthasatya).

Arya Nâgârjuna dit dans le Prajnâmûla (XXIV, 8) :

« Le Dharma enseigné par tous les Bouddha
est bien fondé sur les deux Vérités :
la vérité conventionnelle du monde
et la suprême ultime Vérité. »

Et Chandrakîrti déclare dans le Mâdhyamika-avâtara (« Introduction à la Doctrine du Milieu », VI, 23) :

« Tous les phénomènes détiennent deux natures,
celle trouvée par la perception correcte,
et celle trouvée par la perception trompeuse.
Le Bouddha a enseigné que l'objet de la perception correcte
est la réalité,
et que celui de la perception trompeuse
est la vérité conventionnelle. »

Je donnerai plus loin quelques explications sur l'ultime Vérité. La vérité conventionnelle est elle-même divisée en juste ou fausse selon le point de vue de la connaissance « mondaine » (soit : toute connaissance autre que celle de la Vacuité).

Chandrakîrti dit (« Introduction à la Doctrine du Milieu », VI, 24-25) :

« La perception trompeuse, elle aussi, a deux

aspects, suivant que l'on perçoit par un sens clair ou par un sens défectueux.

La connaissance provenant d'un sens défectueux est appelée fausse en comparaison avec celle d'un sens sain.

« Ce que les gens ordinaires perçoivent avec leurs six sens en parfait état, ils le considèrent comme vrai. Le reste, ils le considèrent comme faux. »

Comprendre les deux niveaux de vérité est très important, parce que nous nous référons constamment à ces apparences qui nous apportent le bien et le mal. Tout d'abord nous devons clairement comprendre les deux natures, superficielle et profonde, des phénomènes avec lesquels nous sommes en relation : par exemple, si nous devions traiter une affaire avec un voisin trompeur et rusé et que nous agissions en vertu de son attitude extérieure, divers ennuis pourraient en résulter. La faute ne serait pas dans le fait d'avoir des relations avec lui ; mais dans la manière inadéquate de les avoir. Parce que nous ne connaissions pas le caractère de cet homme, nous l'avons surestimé et nous avons été trompés. Si nous avions eu une connaissance exacte à la fois de sa nature intérieure et de son comportement extérieur, nous aurions pu établir avec lui des relations qui ne nous auraient causé aucun préjudice. Si l'apparence et la nature réelle des phénomènes concordaient, c'est-à-dire s'ils n'avaient pas une nature profonde distincte de leur manière superficielle d'exister, on pourrait tenir pour vraie leur apparence conventionnelle et s'y fier. Cependant il n'en est pas ainsi. Bien que les phénomènes apparaissent comme s'ils étaient absolument réels, ultimement ils ne le sont pas. Ils ne sont ni intrinsèquement existants, ni complètement inexistants. Ils demeurent dans le juste milieu. La parfaite compréhension de cette manière d'exister des phénomènes est la Vue Mâdhyamika (la voie du milieu.)

Expliquons maintenant la manière dont l'« objet à réfuter » n'existe pas en lui-même ou est non-substantiel.

Quand nous percevons une forme avec nos sens, ou quand nous appréhendons n'importe quoi par notre esprit, quelle que soit notre expérience, ce qui est perçu ou expérimenté est la base sur laquelle l'objet à nier doit être réfuté.

Cette base de négation et l'objet à réfuter apparaissent comme une même entité indépendante, un phénomène réel (existant par lui-même sans être une attribution de la pensée). C'est pourquoi à part la réalisation directe de la Vacuité toutes les perceptions sont forcément fausses. On peut se demander si la non-existence ultime n'est pas alors impossible à établir puisqu'il n'y a pas de moyen de connaissance valable qui perçoit les divers phénomènes et puisque « quelque chose » peut exister pour une perception erronée.

La réponse est que, lorsque notre conscience visuelle (par exemple) perçoit une forme, celle-ci paraissant exister réellement, cette perception est, en vérité, erronée. Mais parce que cette perception est aussi celle de la forme, en tant simplement que forme, comme telle elle est une perception valable. Cette perception visuelle de la forme est valable par rapport à l'*apparence* de la forme, et même par rapport à l'apparence de la forme comme *existant réellement*. Donc toutes les perceptions dualistes sont des connaissances valables évidentes, par rapport à l'apparence de l'objet perçu. Ceci parce que dans l'expression « une conscience perçoit un objet », ce qu'on appelle la conscience est une potentialité de connaissance qui, par la force de la perception de l'objet, se manifeste dans l'image de cet objet.

Certaine maladie ophtalmique peut provoquer l'apparence de cheveux tombant devant les yeux, troublant ainsi la vue, et toute forme perçue se verra avec cette déformation. La perception de cette déformation sera valable ; cependant la base de cette déformation (les cheveux tombant devant les yeux) n'existant pas du tout, la perception sera fausse dans son principe et la vision opposée d'un œil sans défaut la contredira. Pour cette raison la première perception est regardée comme fausse[1] et bien entendu l'apparence saisie par une telle perception n'est pas la preuve de l'existence de l'objet. En fait, il n'y a pas de dharmas qui ne soient un postulat de l'esprit, ce qui ne veut pas dire que tout ce que cet esprit affirme ait une réelle existence.

Lorsqu'un objet apparaît comme intrinsèquement réel, s'il existait conformément à son apparence, au moment où nous l'analyserions en détail, sa nature propre devrait devenir de plus en plus nette au fur et à mesure de l'approfondissement de notre investigation. De même dans la vie quotidienne, si quelque chose nous semble juste, plus nous en discutons et plus nous l'examinons, plus son sens devient clair, et si nous le « cherchons » nous le trouverons certainement. Mais, au contraire, si quelque chose est trompeur et que nous l'analysions, cela devient flou, s'estompe et n'ayant pas de consistance en lui-même, finit par s'effacer complètement.

Nâgârjuna dit dans le Ratnāvalî (« Précieuse Guirlande », 52-53) :

« La forme que nous voyons au loin
devient plus nette, plus nous l'approchons.
Si un mirage était de l'eau,
pourquoi s'évanouirait-elle quand nous en sommes près ?

1. Voir citation de Chandrakîrti, pp. 140 sq.

Le plus loin nous sommes du monde,
le plus réel il nous paraît ;
Plus nous en approchons, moins il devient visible
et, comme un mirage, devient sans signe. »

Donnons un exemple. Lorsque nous disons que l'humanité a besoin de bonheur, immédiatement l'image de quelqu'un se présente à notre esprit. Pour assurer ce bonheur nécessaire, nous le pourvoyons de nourriture, logement, soins médicaux qui contribueront au confort de sa personne physique, et nous essaierons de l'instruire et de lui donner une bonne éducation qui faciliteront son bien-être mental. Par cela nous serons certains que nous avons assuré son bonheur en nous occupant de son corps et de son esprit, mais quand nous cherchons quelle est la personne que nous avons ainsi favorisée, nous trouvons qu'elle n'est ni son corps, ni son esprit et qu'elle ne peut être identifiée séparément de ces deux entités.

Nous rencontrons un ami (que nous appellerons Tashi) que nous n'avons pas vu depuis très longtemps. Au premier coup d'œil nous notons un changement dans son aspect physique et sans chercher plus loin nous dirons : « J'ai vu Tashi, il est beaucoup plus vieux et beaucoup plus gros qu'autrefois. »

Cette perception sans analyse n'est pas fausse et notre déclaration n'est pas un mensonge ; cependant, si nous réfléchissons plus profondément nous constaterons que voir le corps de Tashi est dit : « voir Tashi », et que voir son corps plus gros est dit : voir que Tashi a grossi. En réalité le vrai Tashi, à qui ce corps appartient, ne peut pas être vu et nous ne pouvons pas le juger plus vieux ou plus gros. De plus, c'est en nous basant sur les bonnes et mauvaises qualités de l'esprit de Tashi que nous disons : « Tashi est bon, ou mauvais. » Mais cet esprit même n'est pas Tashi. Il n'y a donc pas la plus petite partie qui soit Tashi dans la combinaison de son corps et de son esprit, de son continuum aussi bien que de chacune de ses parties individuelles. Tashi est « désigné » sur la base de ce corps et de cet esprit réunis.

Nâgârjuna dit dans le Ratnāvalī :

« Puisque la personne n'est ni terre, ni eau, ni feu, ni air, ni espace, ni conscience, ni un tout différent de tous ceux-ci, quelle est donc la personne ? »

Le corps de Tashi est composé de diverses parties telles que les os, le sang, les organes internes, etc. ; en voyant seulement l'enveloppe extérieure de son corps, sa peau, nous disons que nous avons « vu » le corps de Tashi. Ce qui ne veut du reste pas dire que nous ne l'avons pas vu du tout ; car pour voir un corps nous n'avons pas besoin de le voir en entier bien que, suivant les circonstances, il soit tout de même nécessaire d'en avoir une vision assez complète pour pouvoir le différencier d'un autre. En divisant le corps en jambes, bras, mains, nous découvrons des subdivisions en d'autres nombreuses parties : les doigts, les phalanges, les ongles, le dessus de la main, la paume... et nous pouvons continuer ce partage jusqu'aux plus petits atomes les composant ; même aucune de ces entités ne pourra être « trouvée » ; pourtant si l'atome le plus subtil n'avait pas de parties directionnelles, en mettant les atomes les uns à côté des autres, ils ne pourraient jamais former une masse.

Passons maintenant à l'esprit de Tashi duquel nous avons décidé qu'il était heureux ou pas. Cet esprit lui-même sans forme, intangible, capable de prendre l'apparence de n'importe quel objet, est de la nature de la connaissance. Tel est l'esprit si nous ne l'examinons pas ; mais si nous le cherchons nous ne le trouverons pas. Nous disons que l'esprit de Tashi est heureux ; mais si nous essayons de diviser cet esprit en instants nous verrons qu'il n'est pas une collection d'instants antérieurs et postérieurs, car le moment passé n'est déjà plus de la nature de la connaissance. Le moment futur n'est pas encore né et n'existe donc pas dans le présent. Ce que nous appelons le moment « présent » n'est pas audelà d'un moment déjà né, c'est-à-dire passé, ou non encore né, donc futur. Si nous cherchons de cette manière nous ne pourrons pas établir un esprit « présent ». Donc, si nous cherchons ce que nous appelons l'esprit heureux de Tashi, nous ne le trouverons pas du tout. Bref, esprits heureux ou malheureux ne sont que des noms donnés à une collection de moments précédents ou suivants. Les plus petits fragments du temps sont eux aussi imputés sur leurs parties car ils peuvent être divisés en commencement et fin. Si ces moments n'étaient pas composés de diverses parties, ils ne pourraient pas former un « courant ».

Un objet extérieur, comme une table, apparaît à notre esprit comme ayant une existence propre et indépendante, mais si nous l'analysons en la divisant en parties, et en un tout possesseur des parties, nous ne pouvons pas trouver « la table ». En général, la table est prise comme base de ses propres qualités, et c'est en jugeant des qualités de cette base, telles que forme, couleur, matériaux employés, etc., que nous pouvons parler de sa taille, de sa qualité, etc. Nous disons : « Cette table est faite de bon bois, mais je n'en aime pas la couleur. » Ce qui signifie qu'il y a une base, table, à laquelle appartiennent ces caractéristiques. Cependant, si nous cherchons, ni les qualités appréciées, ni aucune des parties ne constituent cette base. Et nous ne pouvons donc pas trouver « la table ». Ainsi, s'il n'y a pas de base, il ne peut pas non plus y avoir de qualités (ou caractéristiques), l'existence de la base étant dépendante de ses qualités, comme l'existence des qualités est dépendante de la base.

Prenons maintenant un rosaire de 108 grains et considérons :

1. Le rosaire est le tout possesseur de ses parties, les 108 grains ; le tout et les parties sont différents ; mais si nous enlevons les dernières, le rosaire disparaît.
2. Le rosaire pris comme un tout est un, mais les parties sont multiples : aussi le rosaire ne peut exister comme « un » avec ses parties.
3. Si les parties sont mises de côté, il n'y a plus de rosaire existant séparément, intrinsèquement ; donc le rosaire n'est pas distinct de ses parties.
4. Bien que le rosaire n'existe pas isolé de ses parties, il ne dépend pas intrinsèquement de ses parties, ni elles de lui.
5. Le rosaire ne possède pas, intrinsèquement, ses parties.
6. La forme du rosaire est une de ses qualités et ne peut donc pas être « le rosaire ».
7. Ni la combinaison des grains et de la ficelle, parce qu'ils forment seulement la base du rosaire.

Cherchant pas ce moyen, dans aucune des sept conclusions nous ne trouvons de rosaire.

Nous pourrions examiner chacun des grains séparément, pour voir s'ils existent distinctement de leurs parties ou non, nous ne les trouverions pas.

De même les forêts, les armées, les pays, les Etats sont des noms donnés à la combinaison de parties, mais si nous cherchons dans chaque partie, nous ne les trouvons pas du tout.

Bien et mal, court et long, grand et petit, ami et ennemi, père et fils, etc., sont nommés en dépendance l'un de l'autre. Terre, feu, eau, air, sont nommés en se référant à ce qui les compose. L'espace est aussi nommé en dépendance des directions dans lesquelles il a la qualité de s'étendre. Le Bouddha et les êtres vivants, le Nirvâna et le Samsâra sont tous nommés en dépendance de leurs composantes et de leur « base d'imputation ».

Bien qu'il soit connu que les effets naissent de causes, nous allons maintenant chercher le sens de cette production.

Réfléchissons aux quatre manières possibles d'exister par la relation cause-effet :

1. Qu'un effet soit né sans cause, voudrait dire qu'il naîtrait constamment ou qu'il ne naîtrait pas du tout.
2. Si l'effet naissait de sa cause, il n'y aurait aucun besoin que ce qui a déjà atteint sa propre essence soit à nouveau produit ; et

si ce qui est existant était à nouveau produit, il s'en suivrait une régression à l'infini.

3. Si l'effet pouvait naître d'une entité différente de lui-même, il pourrait alors naître de n'importe quoi (aussi bien de sa cause que de ce qui ne l'est pas) et cela contredirait le fait que l'effet dépend de la cause.
4. C'est pourquoi il ne peut pas non plus naître des deux choses ensemble, car alors il s'exposerait aux deux erreurs précédentes.

Ainsi, si l'on cherche la signification de la désignation « production », on ne peut pas l'établir.

Comme Nâgârjuna l'explique dans le Prajnâmûla (I, 1) :

« Ni de soi-même, ni d'un autre
ni des deux, ni sans cause
de tout ce qui existe
il n'y a jamais production. »

Quoique nous sachions (et que ce soit conventionnellement correct) que la cause produit l'effet, analysons cela.

Si l'effet à produire existait en lui-même, comment la cause pourrait-elle lui donner naissance puisqu'il existerait déjà ! La cause n'aurait donc pas besoin de le produire ; la cause ne peut donner naissance qu'à quelque chose qui n'est pas encore né au moment de son existence. Mais si cet état de « nonproduit », de « non-naissance » existait intrinsèquement il ne serait en rien différent d'une complète non-existence. Donc comment la cause pourrait-elle le produire ? (Comme le fils d'une femme stérile.)

Dans le Shûnyatâ-saptati-kârikâ (« Les Soixante-dix Stances sur la Vacuité »), Nâgârjuna répond :

« Parce qu'il existe déjà, l'existant n'est pas produit
Parce qu'il n'existe pas, le non-existant n'est pas produit. »

En résumé : Dès que quelque chose dépend de causes et de conditions pour exister, il est impossible qu'il existe ensuite indépendamment, parce qu'indépendance et dépendance sont contradictoires.

Comme l'explique le Sûtra Anavataptahnâgarâjahpariprcchâ (« Les Questions du Roi des Nâgas ») :

« Ce qui est né de causes n'est pas produit [intrinsèquement],
il n'a pas la nature de la production.
Toutes les choses dépendantes de causes sont dites vides
Celui qui comprend cette Vacuité est " vigilant ". »

Et selon Nâgârjuna dans le Prajnâmûla (XXIV, 19) :

« Puisqu'il n'y a pas de phénomène qui ne soit pas interdépendant, il n'y a pas de phénomène qui ne soit " vide ". »

Selon Arya-deva dans le Chatuhshataka-shâstra-kârikâ (« Traité des Quatre cents Stances », XIV, 23) :

« Tout ce qui est produit en dépendance
ne peut être indépendant
et comme tout est non-indépendant,
il n'y a pas de soi (existence-propre). »

Si les dharmas n'étaient pas vides de nature-propre il leur serait impossible de changer en dépendance de causes. S'il y avait quelque chose qui existe intrinsèquement, quel que soit son état, bon ou mauvais, il ne pourrait jamais changer. Prenons comme exemple un bel arbre chargé de fruits. S'il existait vraiment de par une nature-propre, ses fruits ne tomberaient pas, il ne perdrait pas ses feuilles et ne deviendrait pas nu et dépouillé. Si les choses existaient réellement telles qu'elles nous apparaissent, comment pourrions-nous être trompés ? Dans la vie quotidienne aussi, nous savons bien qu'une contradiction existe souvent entre l'apparence extérieure et la nature profonde.

Depuis un temps infini nous avons été imprégnés par l'Ignorance et quoi que ce soit qui nous apparaît nous semble incontestablement réel, mais s'il en était ainsi sa vraie nature existerait telle qu'elle apparaît et plus nous la scruterions, plus elle deviendrait claire et évidente. Pourquoi donc lorsqu'on cherche les phénomènes, ne sont-ils pas trouvés et semblent s'évanouir ?

Chandrakîrti l'explique dans le Mâdyami kavatâra (VI, 34-36) :

« Si l'existence intrinsèque [des phénomènes] était [produite] en dépendance [de causes] [Le Yogin, réalisant la Vacuité], nierait cela ; ainsi les phénomènes seraient détruits et [la réalisation de] la Vacuité serait la cause de leur destruction.
Comme il ne peut pas en être ainsi, les phénomènes n'ont pas d'existence propre.

« Puisque, lorsqu'on examine les phénomènes on ne les trouve pas au-delà de leurs fragments
[et comme ils ne sont pas ces fragments]
il ne faut pas analyser la vérité conventionnelle mondaine.

« Si le raisonnement en vertu duquel, dans le cas de la Réalité Ultime,
la production par soi-même ou par un autre est inadmissible,
si ce raisonnement prouve que, conventionnellement aussi, elle est inadmissible,
comment la production pourrait-elle être établie ? »

Chandrakîrti dit aussi que :

« Si chaque dharma avait une existence essentielle, il s'en suivrait :

1. Que la réalisation de la Vacuité par les Arya causerait la destruction de tous les dharmas ;
2. Que la vérité conventionnelle serait capable de soutenir l'investigation logique ;
3. Que la naissance ne pourrait pas être réfutée ultimement. »

Il est dit dans le Panchavimsati-sahasrikâ Prajnâpâramitâ (« Le Sûtra de la Perfection de la Sagesse » en 25 000 strophes) :

« A cet égard, Shâriputra, lorsqu'un Bodhisattva Mahâsattva pratique la Perfection de la Sagesse, il ne voit pas le Bodhisattva comme réel... Et pourquoi donc ? Il en est ainsi, Shâriputra : Même le Bodhisattva est vide de la nature propre de Bodhisattva. Le nom même de Bodhisattva est vide du nom de Bodhisattva... Et pourquoi ? Telle est leur nature, il en est ainsi. La forme n'est pas « vidée » par la Vacuité. La Vacuité n'existe pas séparée de la forme. La forme elle-même est Vacuité, de même que ce qui est Vacuité est forme. »

Et dans le chapitre de Kâshyapa de l'Arya-mahâratnakûtadharmaparyayasata-sahasrika-grantha (« Le Sûtra du grand amas de Joyaux ») :

« La Vacuité ne rend pas les phénomènes vides, parce que les phénomènes sont eux-mêmes Vacuité. »

Si les phénomènes n'étaient pas vides d'existence propre, les nombreux Sûtra et traités, tels ceux que nous avons cités et qui enseignent que tous les phénomènes sont intrinsèquement non-existants, se révéleraient faux.

La pensée peut s'élever dans notre esprit qu'un homme réel et un homme rêvé, une forme et son reflet, un objet et son image sont semblables en ce qu'ils demeurent introuvables lorsqu'on les cherche. Cela ne veut pas dire qu'il n'y a entre eux aucune différence, car dans ce cas quelle serait l'utilité de chercher à avoir une « Vue juste » quand ensemble le chercheur et ce qu'il cherche seraient non-existants ?

Ici nous arrivons à un point difficile et subtil qui présente le danger de faire tomber dans une vue nihiliste ceux dont l'intelligence n'est pas suffisamment préparée. Pour parer à ce danger, les Svâtantrika-Mâdhyamika, soit Bhâvaviveka et ses disciples, utilisent par une prudente méthode le raisonnement logique pour réfuter l'idée que tous les phénomènes existent du point de vue de leur nature profonde sans que leur apparence soit fondée sur une perception sans faute, et ils affirment que les phénomènes existent conventionnellement (du fait d'un principe par lequel ils sont ce qu'ils sont).

Si cela paraît trop difficile à comprendre,

il y a l'école Vijnânavâdin du grand Pandit Vasubandhu qui, tout en niant l'existence extérieure des phénomènes, accepte que l'esprit ait une réelle existence. Pour ceux qui ne peuvent pas admettre la non-substantialité des phénomènes, les écoles Vaibhâshika et Sautrântika enseignent l'existence réelle des phénomènes et la non-substantialité de la personne (soit que la personne n'existe pas comme une entité autosuffisante). Les non-bouddhistes n'acceptent même pas la non-substantialité de l'individu et affirment l'existence d'une entité personnelle indépendante et permanente.

Mais si nous étions tentés de penser que, parce que nous ne les trouvons pas en dernière analyse, les phénomènes n'ont aucune espèce d'existence, nous contredirions l'expérience et le bon sens commun. Notre expérience pratique affirme l'existence des phénomènes animés et inanimés qui forment notre environnement et qui nous procurent bien et mal, plaisir et souffrance. Si donc nous avons la certitude que tous les phénomènes, nous-mêmes compris, existent, pourquoi donc ne les trouvons-nous pas quand nous les cherchons ?

Bouddha répond à cela dans la Panchavimsati-sahasrikâ Prajnâ-pâramitâ :

« Il en est ainsi : Bodhisattva est seulement un nom, Prajnâ-pâramitâ est juste un nom, Rûpa (forme), Vedanâ (sensations), Samjnâ (perception), Samskâra (formations mentales), Vijnâna (consciences) ne sont que des noms. De la même manière la forme est comme une illusion magique et les sensations, les perceptions, les formations mentales et les consciences sont aussi des illusions magiques. L'illusion magique également est un nom, elle ne demeure pas dans un endroit, elle ne réside pas dans une direction... »

Pourquoi cela ? Parce que le nom est une création fictive appliquée à chaque phénomène et ne sert qu'à désigner. Quand le Bodhisattva Mahâsattva pratique la Perfection de la Sagesse, il ne considère pas les noms comme réels, il ne s'attache pas à eux.

« De plus, Shâriputra, lorsqu'un Bodhisattva Mahâsattva pratique la Perfection de la Sagesse, il réfléchit ainsi. Ainsi en va-t-il : « Bodhisattva » n'est qu'un nom ; « Illumination » n'est qu'un nom ; « perfection de la sagesse » n'est qu'un nom ; « forme » n'est qu'un nom ; « sensations », « perceptions », « formations mentales », « consciences » ne sont que des noms. Il en est ainsi, Shâriputra : on dit « je », « je », « je », mais ce « je » est sans référence existentielle réelle. »

Dans beaucoup de Sûtra et de Shâstra il est enseigné que les dharma ne sont que des noms et que, lorsque nous cherchons l'objet que ce nom désigne nous ne trouvons pas d'existence réelle objective, ce qui est l'indication que les phénomènes ne sont basés que sur des désignations conventionnelles. Ce qui est, du reste, suffisant pour leur donner une existence.

Expliquons cela plus en détail : Pour que quelque chose existe conventionnellement, cela doit remplir trois conditions :

1. L'objet doit être bien connu par une perception conventionnelle.
2. Il ne doit pas pouvoir être contredit par une autre perception valable conventionnelle (autrement une montagne-de-neige-jaune pourrait exister).
3. Puisqu'une connaissance valable conventionnelle ne peut pas réfuter l'existence intrinsèque, l'objet ne doit pas non plus pouvoir être contredit par un raisonnement qui analyse l'ultime vérité.

L'entité intrinsèque de l'objet, qui n'est pas affirmée par la seule force de la désignation conventionnelle, est ce qui doit être réfuté, « vidé » par ce que nous appelons la Vacuité. Cette entité réelle et indépendante est ce que nous appelons le « soi » ou Atman ; c'est l'objet à réfuter par le raisonnement. Comme nous n'avons aucune expérience directe de son existence, la perception qui l'affirme comme réel et indépendant est appelée « Ignorance », *Avidyâ*. Il y a beaucoup de sortes d'ignorances, mais cette Ignorance est celle qui est la racine du Samsâra, l'exact opposé de la Sagesse qui réalise la non-substantialité (Vacuité).

Nâgârjuna l'explique dans la Shûnyatâ-saptati-kârikâ :

« La pensée que les phénomènes produits par causes et conditions sont réels a été déclarée par le Maître comme étant Ignorance. C'est d'elle que découlent les douze liens. »

La simple non-existence du « soi », objet à réfuter (donc la non-existence d'une entité indépendante, telle que l'Ignorance la conçoit) est appelée : non-substantialité (*anâtma*), non-vrai (*asatya*), vacuité (*shûnyatâ*). Etant le mode final et profond d'exister de tous les phénomènes, on l'appelle Vérité ultime. Et l'esprit qui la saisit réalise la Vacuité.

La Vacuité étant la Vérité ultime, cela veut-il dire qu'elle existe intrinsèquement ? *La Vacuité est la réelle manière d'exister du phénomène qu'elle qualifie.* C'est pourquoi, si le phénomène n'existe pas, sa vacuité, elle non plus, ne peut être existante. Le phénomène (*dharma*) est tributaire de sa nature (*dharmatâ*) vide, la nature (vide) du phénomène est corrélative à celui-ci. Lorsqu'on analyse un phénomène on ne peut le « trouver ». De même sa « nature vide » sera introuvable à l'investigation ; elle n'existe que par la force d'une opinion toute faite, sans analyse de l'objet.

On lit dans le 13e chapitre du Prajnâmûla (7-8) :

« S'il existait une entité non-vide,
alors une entité vide existerait aussi.
Comme il n'y a rien qui ne soit Vacuité,
comment le vide pourrait-il exister ?

« Les Victorieux ont déclaré que la Vacuité
élimine toutes les vues fausses.
Mais ceux qui ont une « vue » concernant la Vacuité
(comme existence inhérente)
Ils les déclarent incurables. »

Et dans le Lokâtîta-stava (« Eloge du Supra-mondain », strophe 12) :

« Comme le nectar de la Vacuité
a été enseigné pour détruire toutes les fausses conceptions
celui qui s'y attache (comme étant réelle)
est sévèrement blâmé par Vous (Bouddha). »

Dès lors, si nous cherchons le mode d'être de l'arbre, par exemple, nous ne trouverons pas l'arbre mais sa réelle nature, Shûnyatâ ; si nous examinons celle-ci, elle restera introuvable, nous trouverons la vacuité de cette Vacuité que nous appellerons Shûnyatâ-Shûnyatâ.

L'arbre est la vérité relative ou conventionnelle et sa manière réelle d'exister, la Vérité Ultime. Prise comme base de recherche, cette Vérité Ultime devient la signification de sa réelle nature ; c'est pourquoi on explique qu'elle peut aussi être vue comme vérité relative.

Bien qu'il n'y ait, naturellement, aucune différence dans la « nature » de Shûnyatâ, on peut, à l'analyse, la diviser en 4, 16, 18 et 20 selon les bases d'investigation ; toutes sont incluses dans la non-substantialité de la personne et des phénomènes (*pugdala-dharma-nairâtmya*).

Si, tout en ayant une bonne connaissance intellectuelle de la Vacuité nous l'expérimentons, au cours de notre recherche, comme un néant, comme un anéantissement de tout, ce vide d'annihilation n'est pas la Vacuité. De même, si l'on a une seule compréhension conceptuelle de la signification de la Vacuité, cela n'est pas la réalisation de la Vacuité.

Ainsi l'explique l'Arya-Prajnâ-pâramitâ-sanchaya-gâthâ (Sûtra concentré de la Perfection de Sagesse) :

« Bien qu'un Bodhisattva réalise : “ Ces agrégats sont vides ”, il maintient encore un signe, l'idée de vide, et n'a pas encore foi dans l'état de non-production. »

Ce que nous appelons la Vacuité est une négation qui doit être rendue certaine par la simple élimination de l'objet à réfuter, l'existence-en-soi.

Il y a deux modes de négation : le premier, appelé négation affirmative-positive, qui implique quelque chose à la place de l'objet réfuté ; le second, qui ne laisse rien à la place de l'objet est connu sous le nom de « négation non-affirmative ».

La Vacuité étant le deuxième, sa réalisation doit rendre évidente la simple absence de l'objet analysé. Ce qui apparaît à l'esprit est une claire Vacuité, la complète non-existence de l'apparence massive des choses ; la nature finale ou simple non-existence réelle est la Vacuité... Un tel esprit a réalisé la Vacuité.

Shântideva explique dans le Bodhicaryâvatara (chap. IX, 34-35) :

« Quand nous disons : " Il n'existe pas ", le phénomène analysé n'est plus perçu comme existence intrinsèque ; comment cette non-entité sans base peut-elle rester dans l'esprit ? »

« Quand ne demeurent plus dans l'esprit ni phénoménalité ni non-phénoménalité, puisqu'il n'y a plus d'autre forme qui apparaît, toutes les élaborations cessent. »

Si la Vacuité était une négation affirmative-positive (impliquant donc l'existence d'un autre objet) sa perception conserverait un objet de référence, un signe, et la possibilité de concevoir une existence réelle en rapport avec ce signe ne serait pas exclue... dès lors, la Sagesse percevant la Vacuité ne serait pas l'antidote de toutes les conceptions et serait incapable d'éliminer les obstacles (*âvarana*).

C'est en pensant à cela que Shântideva dit dans le Bodhicaryâvatara (chap. IX, 110-111) :

« Quand l'esprit,
analysant les phénomènes, les détermine vides d'existence inhérente,
s'il fallait encore investiguer cette analyse,
le processus serait sans fin.

« Lorsque l'objet d'analyse
a été trouvé comme non-existant,

il n'y a plus de base d'investigation ;
sans base l'analyse ne s'opère plus,
c'est ce qu'on appelle : cessation (Nirvâna). »

Quand nous contemplons un objet (ou soi-même, ou les autres), nous réalisons qu'il n'a aucune nature-propre et aucune existence réelle. Lorsque nous sommes accoutumés à cela, l'objet nous apparaît pareil à une illusion magique ou à un rêve, qui, bien que n'existant pas réellement, apparaît comme tel.

Peut-être nous demanderons-nous quel bénéfice résultera de cette réalisation. Nâgârjuna répond dans le Prajnâmûla (chap. XXIV, 18) :

« Ce qui est produit en dépendance, nous l'expliquons comme Vacuité. C'est l'existence nominale et c'est cela même qui est la Voie du Milieu. »

Ainsi nous comprenons que le sens de la production interdépendante est l'absence d'existence inhérente et que le sens de cette dernière est la production interdépendante. Donc production interdépendante et Vacuité sont complémentaires. Avec cette certitude nous nous engagerons dans la pratique de ce qui est à abandonner et à accepter dans le contexte de la seule existence nominale, et par les moyens d'une valable connaissance conventionnelle. Dès lors, les états mentaux perturbateurs tels que le désir, l'aversion, etc., provoqués par l'attachement à l'existence inhérente, et non pas simplement nominale, perdront graduellement de leur force et finalement disparaîtront.

Résumons cela : Lorsque nous aurons une profonde expérience de la vue de la Vacuité, nous pourrons reconnaître que tout ce qui apparaît à notre perception se manifeste spontanément comme réellement existant et nous comprendrons alors que, lorsque l'attention aux objets est forte la conception d'une existence inhérente se produit et adhère à leur apparence comme s'ils étaient indiscutablement vrais. Quelles que soient les émotions et les passions qui naissent, telles qu'attachement, avidité, agressivité, etc., elles sont le fait du sujet concevant l'existence intrinsèque comme base et cause.

Nous acquerrons la profonde certitude que ce sujet a une fausse perception, se trompe sur son objet de référence qui manque de fondation valable, alors que son opposé, la réalisation de la non-substantialité est le fait d'une perception correcte.

Le glorieux Dharmakîrti déclare dans le Prâmâna-vârtika (« Commentaire critique sur les moyens valables de connaissance », chap. I, 49 et 220) :

« L'esprit qui réalise et celui qui faussement surimpose,
de par leur nature se détruisent l'un l'autre.
Ce qui est déformé et ce qui est sain
sont par nature en opposition mutuelle ;
et ceux qui se familiarisent avec la connaissance de ce qui est sain
se débarrassent complètement des passions. »

Ainsi comme ces deux états d'esprit ont une incompatible appréhension des choses, l'un détruira l'autre et, en conséquence, plus l'un deviendra fort, plus l'autre s'affaiblira.

Comme le dit Nâgârjuna dans le Dharmadhâtu-stotra (Eloge du Dharmadhâtu, str. 20-21) :

« Comme un ornement de métal taché d'impureté
doit être purifié par le feu,
lorsqu'il est placé dans le feu
les impuretés sont brûlées, mais pas lui.

« De même en ce qui concerne l'esprit dont la nature est claire lumière
mais qui est souillé par les impuretés du désir ;

les impuretés sont brûlées par le feu de la sagesse,
mais sa nature, la claire lumière, demeure... »

La « Sublime Science du Victorieux Maitreya (Uttaratantra) » dit :

« Parce que [les activités] du corps d'un Parfait Bouddha
rayonnent [sur tous les êtres]
Parce que la réalité n'est pas différenciée
[elle est la nature ultime aussi bien des êtres vivants que de Bouddha]
et parce qu'ils ont la potentialité de la Bouddhéité,
tous les êtres vivants ont toujours la nature de Bouddha. »

Non seulement la nature ultime de l'esprit, mais aussi sa nature conventionnelle n'est pas atteinte par les impuretés ; la claire connaissance n'est pas touchée par les pollutions. C'est pourquoi l'esprit peut être meilleur ou pire et est susceptible d'être transformé. Bien qu'on se familiarise facilement avec de mauvais états mentaux (qui sont le fait du sujet concevant l'existence intrinsèque), ils ne peuvent être développés sans limite, au contraire des nobles états de l'esprit qui peuvent s'étendre à l'infini. En se basant sur ces raisons, nous pouvons acquérir la certitude que les impuretés qui « enveloppent » l'esprit (mais qui ne sont pas l'esprit) peuvent être éliminées et que lorsqu'elles l'auront été d'une manière irréversible, la nature de l'esprit sera la Libération ; ce qui permet d'affirmer que la Libération peut être atteinte. Non seulement les illusions émotionnelles, mais leurs empreintes (les dernières obstructions à la Parfaite Connaissance) peuvent être de même totalement détruites ; la nature de l'esprit sera alors le Dharmakâya (Corps de Vérité) appelé aussi « Nirvâna sans résidence ». Il peut ainsi être établi que la Libération et l'Omniscience existent.

Dans le Prajnâmûla (chap. I) Nâgârjuna déclare :

« Je me prosterne devant le meilleur des Maîtres, le Parfait Bouddha, qui enseigna que tout ce qui est produit en dépendance [de causes et conditions] n'a ni mort, ni naissance, ni annihilation, ni permanence, ni aller ni venir, ni unité ni différence, qu'il est libre de conceptions et apaisé. »

Ainsi donc le Bienheureux enseigna de manière répétée et insistante la production interdépendante montrant que, parce qu'ils sont produits en dépendance, les phénomènes sont de la nature de la Vacuité, libres des huit extrêmes énoncés ci-dessus. Ayant foi dans le Bhagavân, qui nous montra sans erreur le Bien Ultime et les moyens d'y parvenir, nous serons également persuadés que son enseignement nous indiquant le chemin de la liberté temporelle, hors des renaissances infortunées, est sans défaut.

Le Glorieux Dharmakîrti, dans son Prâmâna-vârtika (I, 127) déclare :

« Parce que [la Parole du Bouddha] est exacte concernant le sens principal (Shûnyatâ), on la considérera [comme correcte] concernant les autres significations (celles qui sont cachées). »

Et Arya-Deva dans le Chatuhsataka (« Traité en quatre cents stances »), XII, 5 :

« Si un doute s'élève concernant les enseignements voilés (non-évidents) du Bouddha, basez-vous sur Son enseignement de la Vacuité et placez votre confiance en cela. »

Bref, en connaissant la Parole du Bouddha ainsi que les commentaires, qui ont pour but la réalisation des bonheurs temporaire et permanent, nous croirons en eux, et du plus profond de notre cœur naîtront un grand respect et une foi profonde envers le Bienheureux Bouddha et les grands maîtres de l'Inde, ses disciples. Nous serons capables d'avoir une dévotion sans défaillance pour le Maître qui nous montre la voie sans erreur et pour le Sangha, ces amis spirituels qui suivent fermement le sentier sur lequel le Bouddha a une fois cheminé.

Comme le dit Chandrakîrti dans la Trisarana-saptati (« Soixante-dix stances sur les Trois Refuges ») :

« Le Bouddha, le Dharma et l'Excellente Communauté (le Sangha) sont les Refuges de ceux qui aspirent à la Libération. »

Nous serons facilement convaincus que les Trois Joyaux sont les seuls Refuges. Ceux qui se rendent compte de la souffrance de l'état samsârique prendront Refuge dans le Triple Joyau avec une indestructible et inébranlable aspiration à la Libération. Ayant compris par expérience la condition de souffrance de tous les êtres, nous développerons un ardent désir de les conduire à l'état de Libération et d'Omniscience (Bouddhéité). Pour réaliser cela nous devons nous-mêmes atteindre l'Illumination. Ainsi nous engendrerons une ferme et puissante volonté d'y parvenir pour le seul bénéfice des êtres vivants (Bodhichitta).

Si nous sommes motivés par l'aspiration à la Libération personnelle, nous prenons comme fondation l'éthique des moines ou celle des laïques, nous sommes alors sur le chemin d'Accumulation (Hînayâna).

En se familiarisant de plus en plus avec la vue subtile et profonde de la Vacuité à travers l'étude et la réflexion, cette « vue » se transformera graduellement en Sagesse produite par la méditation où la Calme Concentration (*Samatâ*) et la Vue Supérieure (*Vipâsyanâ*) sont unies et qui perçoit conceptuellement la signification de la Vacuité. Le chemin de Préparation (*Prayogamârga*) est atteint. Une directe perception de Shûnyatâ amène alors sur le chemin de la Vision (*Darshanamârga*) lequel est le Vrai Chemin, le Joyau du Dharma.

Ce « chemin » est un vrai « remède » où l'on commence à atteindre la Vérité de la Cessation en abandonnant les niveaux grossiers de la Vérité de la Cause de la Souffrance (la conception de l'existence réelle) et de la Vérité de la Souffrance (les re-naissances infortunées, etc.).

Par le chemin du Développement (*Bhâvanâmârga*) nous nous familiarisons avec la Vérité déjà perçue et nous atteignons les Vraies Cessations. Les impuretés émotionnelles sont peu à peu éliminées en commençant par les plus évidentes. Finalement, même les plus subtiles et leurs potentialités sont effacées. Le voyage est achevé, la Libération est réalisée, l'état où il n'y a plus rien à pratiquer ou à apprendre, le rang d'Arhat Hînayâna est atteint.

Lorsque notre but est d'obtenir la Bouddhéité pour le bien de tous les êtres vivants, l'éthique que nous prendrons, la sagesse découlant de l'étude et de la réflexion, la méditation dirigée sur la signification de la Vacuité seront motivées par Bodhichitta et accompagnées par les « moyens habiles » des perfections (*Pâramitâ*). La vue de la Vacuité devient de plus en plus profonde et quand elle est directement perçue, ayant parcouru le chemin d'Accumulation on atteint la parfaite Sagesse du Bodhisattva, la « sagesse de la première terre » du Mahâyâna, soit le premier « *kalpa* de sagesse et de mérites ». Comme nous l'avons expliqué plus haut nous commençons à réaliser la Vraie Cessation. Le Bodhisattva doit passer par les « sept premières terres » dites « terres impures » et accumule la « collection » de sagesse et de mérites du deuxième *kalpa*. Dans les « trois dernières terres pures » nous éliminons graduellement les obstructions à la connaissance omnisciente, les empreintes laissées par notre concept d'une réelle existence et les mauvaises dispositions subtiles qu'elles ont produites.

Lorsque le « troisième *kalpa* infini de collections » est ainsi achevé, nous atteignons l'Ultime Cessation, le Dharmakâya sans défaut. Les Trois Corps : Dharmakâya, Sambhogakâya et Nirmânakâya sont simultanément manifestés et nous réalisons l'Etat de Bouddha, la Bouddhéité, pleinement accomplis en perfection de Sagesse, de Compassion et de Pouvoir.

Cependant l'« être fortuné » qui a discipliné son esprit en engendrant l'aspiration à la Libération, Bodhichitta et la Vue Juste de Shûnyatâ et qui a complété l'accumulation causale de mérites et de sagesse, est prêt pour entrer dans la Voie Tantrique.

Si parmi les chemins du Secret Mantra nous avançons sur ceux des Trois Tantras inférieurs, nous serons plus vite illuminés que par le véhicule des Perfections. Cette rapidité est due aux moyens merveilleux de réaliser le Corps de Forme (Rûpakâya) par l'accomplissement du yoga utilisant l'union de la Calme Concentration et de la Vue Supérieure.

Plus particulièrement lorsque nous pratiquons le plus haut Tantra Anuttara-yoga-tantra, nous apprenons à différencier les « airs et consciences » en grossiers, subtils et très subtils, et la plus subtile conscience se développe comme l'essence même du chemin. En cultivant cette pratique, la perception de la Vacuité devient extrêmement puissante. La Voie Tantrique a donc la particularité de pouvoir très rapidement éliminer toutes les obstructions.

Voici maintenant une brève explication de la méthode permettant d'acquérir une juste compréhension de Shûnyatâ. Le propos de cette méditation est de supprimer les obstacles s'opposant à la vision de la Vacuité ; pour pouvoir y parvenir elle doit être accompagnée d'une vaste accumulation d'actions vertueuses. En ce qui concerne ce « champ d'accumulation » on agira selon ses inclinations personnelles, soit en dirigeant son esprit vers la contemplation de la nature générale des Trois Joyaux, soit en visualisant un Objet de Refuge particulier devant soi. Un excellent moyen est la pratique de la « Pûjâ en sept parties ».

Il a été dit qu'au début de notre recherche méditer sur la non-substantialité de la personne est plus facile (en raison du sujet continuellement présent). Premièrement nous devons voir clairement la manière dont le méditant apparaît à l'esprit lorsque nous pensons : « Maintenant, " je " médite sur la Vacuité. » Nous devons être très attentifs à la manière dont ce « je » apparaît au moment où nous ressentons une émotion de joie ou de tristesse, et à la manifestation de notre attachement à cet état émotif. Ce n'est qu'après nous être assurés de ces bases que nous pourrons examiner le « je » de la façon indiquée dans les pages précédentes.

Quand notre compréhension de la vue de Shûnyatâ devient plus profonde nous en acquérons une expérience et nous réalisons alors que le « je » qui nous paraissait réel et indépendant, n'a en fait aucune existence. Concentrant fermement notre esprit sur cette claire Vacuité, qui n'est que l'absence de l'objet à réfuter nous pratiquons la méditation stabilisante sans analyse. Lorsque notre concentration s'affaiblit et que la Vacuité devient un simple néant, nous devons pratiquer la méditation analytique en « traquant » le « je » comme indiqué précédemment. La pratique alternative des méditations analytique et stabilisante est un moyen de transformer l'esprit.

Ayant acquis par cette méthode une compréhension (même succincte) de la vacuité du « je », nous porterons notre attention sur les agrégats en dépendance desquels le « je » est imputé. Il est très important de bien analyser les agrégats (tels que forme, sensations, perception, etc.) et en particulier l'agrégat des consciences. Réaliser la nature relative des consciences est très difficile, mais très important. Une fois que nous aurons reconnu la nature relative de l'esprit, le simple et clair connaissant, nous pourrons graduellement arriver à en comprendre sa Nature Ultime. Ce sera un progrès considérable.

Pour débuter, la méditation devrait durer environ une demi-heure. Quittant notre séance, les divers phénomènes, bons ou mauvais, nous apportant bonheur et souffrance, seront de nouveau manifestement expérimentés. Aussi nous devrons développer, autant que nous le pouvons, la certitude que ces phénomènes n'existent pas objectivement et qu'ils ne sont que des apparences d'origines interdépendantes, pareilles à des illusions magiques.

Cette méditation devrait se faire en quatre séances : à l'aube, le matin, le soir et la nuit, ou en six séances (trois séances de jour et trois séances de nuit) ou même en huit séances (quatre de jour et quatre de nuit). Mais si cela n'est pas possible on pratiquera deux séances, une le matin et une le soir [1].

En s'exerçant de cette manière notre compréhension et notre expérience s'affirmeront, et dans toutes nos actions, en marchant, travaillant, mangeant, la « vue » de la Vacuité surgira en nous sans aucun effort. Mais sans avoir d'abord obtenu la calme concentration de l'esprit (*sâmatâ*) dirigée sur Shûnyatâ, il n'est pas possible de produire la Vue supérieure (*vipâsyanâ*) ; il faut donc premièrement travailler pour obtenir cette paisible concentration de l'esprit (dont la méthode peut être apprise ailleurs). Si nous ne voulons pas nous contenter d'une connaissance intellectuelle de la Vacuité mais que nous désirons l'expérimenter réellement, nous devrons prendre comme base ce qui vient d'être exposé, puis étudier les Sûtra et réfléchir aux commentaires qui enseignent la vue profonde de la Vacuité, ainsi qu'aux excellentes explications données sur ce sujet par les érudits tibétains.

Nous devrons confronter les fruits de notre propre expérience avec l'étude, et

1. Le nombre des séances de méditation conseillées dans « La Clef du Mâdhyamika » est celui auquel devrait se soumettre un étudiant qui ferait une retraite sur ce sujet.

l'écoute de l'enseignement d'un maître sage et expérimenté.

Que par l'accumulation des mérites provenant de cet effort, tous les êtres vivants qui désirent le bonheur puissent obtenir l'œil qui voit la Réalité, libre des « vues » extrêmes, et atteindre le Pays de la Grande Libération.

Ceci a été écrit aussi simplement que possible dans le but d'être facilement compris et de pouvoir être traduit dans d'autres langues pour le bénéfice de ceux, venant de l'Est ou de l'Ouest, qui cherchent le Dharma du Bouddha, et plus particulièrement pour ceux qui, désirant connaître la profonde et subtile signification de la Vacuité, n'ont pas les possibilités d'étudier les grands traités Mâdhyamika ou ne peuvent pas lire les écrits s'y rapportant en langue tibétaine.

Puisse ceci, qui a été écrit par le moine Sakya Tenzin Gyatso, 14e Dalaï-Lama, être une contribution à l'harmonieuse croissance de la Bonté et de la Pureté !

GLOSSAIRE

Agrégats
(sanskrit : *Skandha*) Constituants psycho-physiques de l'individu, au nombre de cinq : agrégats de la forme, des sensations, des perceptions, des consciences et des formations mentales.

Arya .... Noble, supérieur. Celui qui a réalisé la Vérité ultime, Shûnyatâ.

Asrava-Skandha .... Agrégats des personnes ordinaires, produits par le karma et produisant à leur tour un nouveau karma. Ils sont appelés agrégats impurs et leur nature est souffrance.

Atman.............. Soi. Entité substantielle qui peut être celle de la personne ou des objets. Cette entité est l'existence intrinsèque, l'objet à réfuter dans la philosophie Mâdhyamika.

Avalokiteshvara .... Incarnation de la compassion de tous les Bouddha. Autre nom : Lokeshvara. En tibétain : Chenrézig.

Avarana .... Obstacles, entraves provoquées par les émotions, les passions et leurs empreintes sur l'esprit.
Jnânavarana : Obstacles à la parfaite connaissance.

Bardo .... Etat intermédiaire entre la mort et une nouvelle naissance.

Base d'imputation . Phénomène dont les composants groupés incitent à une désignation particulière (ex. : les parties de la table, 4 supports et un plateau provoquent le nom : table).

Base de réfutation ou de négation .... Phénomène qui est l'objet de raisonnements par lesquels son existence intrinsèque est réfutée.

Bodhichitta .... Aspiration à l'Omniscience dans le seul but d'aider tous les êtres vivants à sortir du Samsâra.

Bodhisattva .... Aspirant à la Bouddhéité, à l'état de Bouddha, dont les actions et les pensées sont uniquement motivées par Bodhichitta.

Bouddha .... Celui qui est totalement éveillé, qui a éliminé les derniers obstacles à la connaissance omnisciente et qui est parfaitement accompli dans les qualités de sagesse, compassion et pouvoir.

Calme concentration (Samathâ) .... Etat dans lequel l'esprit reste fixé sur l'objet de méditation, sans effort et sans distraction.

Cessation (Nirodha) La troisième des Nobles Vérités. Cette cessation est celle des obstacles et de la souffrance, mais n'est pas un anéantissement.

Chemin (Mârga) ... Dans ce contexte désigne les étapes sur la Voie, qui sont au nombre de cinq : les chemins d'accumulation, de l'effort, de la vision, du développement et de l'accomplissement.

Champ de Bouddha Désigne une assemblée de Bodhisattva autour d'un Bouddha.

Compassion sans objets .... Est celle d'un sujet qui, ayant réalisé la Vacuité, ne conçoit plus les objets ou phénomènes comme ayant une existence inhérente.

Deva .... Dieu ou déité. Etre qui n'a pas un corps humain et se situe dans un état plus élevé que le nôtre. Indique parfois une forme utilisée dans la visualisation méditative.

Dharma .... Avec *d* minuscule signifie tout de qui existe, chaque phénomène. Avec *D* majuscule, signifie enseignement religieux. Méthode qui soutient les êtres, les empêchant de tomber dans la souffrance samsârique. Les Bouddhistes emploient le mot Dharma pour tout enseignement religieux chrétien, hindouïste, etc. L'enseignement du Bouddha est appelé Bouddha-Dharma.

Dharmatâ .... Nature ultime de tous les phénomènes, synonyme de Vacuité.

Dharmakâya .... Ultime et essentiel Corps de Bouddha. Il comprend deux aspects : 1. Cessation totale de tous les obstacles à la parfaite Illumination ; 2. Omniscience de l'esprit.

Esprit .... Désigne, dans ce contexte, une potentialité de claire perception mentale. Organe de la connaissance.

Existence intrinsèque .... Est la notion selon laquelle les phénomènes existent par leur propre pouvoir, sans dépendre de causes et de conditions. Synonymes : existence inhérente, propre, objective, réelle, substantielle.

Hînayâna .... Appelé aussi « Petit Véhicule » dans lequel l'enseignement du Bouddha est compris comme une méthode de libération personnelle permettant de sortir de l'état de souffrance et d'arriver à la paix du Nirvâna. En font partie les *Shrâvaka* qui méditent sur la non-substantialité de la personne d'après l'enseignement d'un maître et les *Pratyeka* qui réalisent la vérité sans dépendre d'un enseignement.

Ignorance .... Dans ce contexte il s'agit de l'ignorance cause ou racine de l'existence samsârique qui se traduit par une obscurité mentale empêchant de voir les phénomènes comme ils sont.

Karma .... Littéralement : Action (du corps, de la parole et de l'esprit). Dans l'enseignement bouddhiste, le karma signifie le résultat de ces actions imprégnant l'esprit et provoquant par cela de nouvelles actions produites automatiquement. Cette loi du karma oblige l'esprit qui la subit à reprendre un corps, vie après vie.

Kalpa .... Eon. Indique dans le Bouddhisme une période de temps extrêmement longue, la durée d'un « état de manifestation » se calculant non en nombre d'années mais par la longueur des vies humaines qui, suivant les périodes de développement ou de dégénérescence, sont plus longues ou plus courtes.

Kâya .... Corps. Il y a trois aspects du Corps de Bouddha : le *Dharmakâya,* expliqué plus haut ; le *Sambhogakâya,* corps de forme subtile que ne peuvent pas voir les êtres ordinaires, mais que voient les Bodhisattva arrivés à l'état d'*Arya ;* le *Nirmânakâya,* corps de manifestation des Bouddha que peuvent voir les êtres du Samsâra.

Libération (*Moksha*) Synonyme : Nirvâna. Cessation par la pratique du Chemin (voir plus haut) de la souffrance et de ses causes, du karma et des klesha.

Mahâsattva .... Nobles êtres. Nom donné aux Bodhisattva parce qu'ils aiment également tous les êtres sans en excepter un seul.

Mahâyâna .... Appelé aussi « Grand Véhicule » ou « Chemin du Bodhisattva ». L'enseignement du Bouddha y est compris comme la méthode d'accéder à l'Omniscience, la Bouddhéité avec la motivation qu'une fois arrivé à cet état ultime, le Bodhisattva renonce au Parinirvâna afin d'aider tous les êtres vivants à sortir de l'état de souffrance. Il reprend une forme adéquate à la réalisation de ce projet. Le Mahâyâna propose deux voies pour atteindre la Bouddhéité : le Pâramitâyâna et le Vajrayâna ou Tantrayâna.

Mâra .... Désigne les forces de l'Ignorance. On les divise en quatre : la force que possèdent les agrégats, la force de l'illusion, la force de la mort, la force des mauvais esprits. Employé dans un autre sens, Mâra « personnifie » ces forces.

Mérite .... Ne doit pas être pris dans le sens d'une sorte de créance morale par laquelle le sujet obtiendrait des éloges ou des récompenses d'une origine extérieure à lui-même. Les mérites bouddhiques sont des actes vertueux qui possèdent en eux-mêmes un pouvoir purificateur capable de développer l'esprit et de l'éclaircir de l'épaisse obscurité de l'ignorance. Il n'y a aucune notion de dualité dans le chemin bouddhique vers la Libération.

Nâdî .... Canaux ou nerfs particuliers au système tantrique.

Nirvâna .... Paix qui résulte de la Cessation. Le Nirvâna d'un Bouddha est appelé le Nirvâna sans résidence.

Objet .... « Objet de Refuge », ce nom commun est employé pour souligner le fait que le Bouddhisme dénie l'existence intrinsèque de la personne.

Pâramitâyana ...... Une des deux voies mahâyânistes (Yâna = voie) consistant à pratiquer parfaitement les vertus excellentes (pâramitâ) qui sont au nombre de six ou de dix, suivant les enseignements.

Parinirvâna .... Etat dans lequel toute forme se dissout dans le Dharmakaya.

Principes du monde Lois ou normes dirigeant la conduite des êtres qui cherchent leur bonheur dans le Samsâra. Il y a quatre qualités à obtenir : la gloire, les éloges, le bien-être et le profit et quatre qualités à éviter : le mépris, la calomnie, la souffrance et la perte.

Production interdépendante .... Locution employée pour signifier que les phénomènes n'existent que relativement à des causes et des conditions.

Pûjâ .... Culte d'offrandes en sept parties comprenant : prosternations ou hommages, offrandes proprement dites, repentance de ses erreurs, réjouissance dans les vertus des autres, requête pour que l'enseignement du Bouddha demeure dans le monde, requête pour la présence de « l'Objet » auquel s'adresse la Pûjâ, dédicace de ses mérites.

Samsâra .... Etat de conscience caractérisé par l'Ignorance et provoquant un cycle continuel de renaissance sans liberté de choix et sous la dépendance du karma.

Shûnyatâ .... Vacuité. Ne doit pas être pris dans le sens de néant. La Vacuité est l'ultime nature de tous les phénomènes, soit leur absence d'existence intrinsèque. Techniquement, Shûnyatâ est le résultat obtenu après une réfutation logique de la possibilité que les phénomènes soient des existences séparées, existant par leur propre pouvoir, sans dépendre de causes et de conditions et de la désignation mentale par laquelle ils sont nommés et connus.

Terre .... Pure ou impure : il ne s'agit pas de lieux, mais des degrés successifs de sagesse par lesquels passe un Bodhisattva avant d'arriver à l'Etat de Bouddha.

Theravâda .... Synonyme de Hînayâna. Voir plus haut.

Tripitaka .... Trois corbeilles. Désigne le groupe formé par les enseignements bouddhistes réunis sous trois dénominations selon leur matière propre : Abhidharma, Sûtra, Vinaya.

Tourner la Roue de la loi .... Enseigner le Dharma. Les enseignements de Gautama Bouddha sont traditionnellement groupés sous la dénomination des trois « Tours de la Roue de la Loi. »

Tulku .... Traduction tibétaine de Nirmânakâya, le corps de manifestation de Bouddha. Désigne, par extension de ce nom, les lamas dont l'évolution spirituelle est suffisante pour qu'ils ne soient plus tributaires d'une renaissance déterminée par leur karma, et qui peuvent reprendre un corps de leur choix dans le but d'aider les êtres vivants.

Tsong Khapa ...... Grand réformateur du Bouddhisme tibétain au 15e siècle. Il compila et présenta le Bouddha-Dharma dans le Lam Rim (en tibétain Lam signifie sentier, et Rim, étapes). Il fonda l'ordre des Gelug pa auquel appartiennent les Dalaï-Lamas.

Vajrayâna (ou *Tantrayâna*) ... C'est la seconde des deux voies mahâyânistes. C'est un ensemble de techniques méditatives et psycho-physiques subtiles, unissant méthode et sagesse, permettant d'atteindre plus rapidement l'Etat de Bouddha que par le seul Pâramitâyâna dont la pratique doit être cependant simultanée. Cette voie ne peut être employée utilement que par un sujet déjà accoutumé aux principes essentiels du Mahâyâna : la discipline de base, la compassion pour tous les êtres vivants, la recherche de la réalisation de Shûnyatâ.

Vinaya .... Collection d'enseignements du Bouddha concernant les règles de discipline et de morale pour les moines et pour les laïques.

Victorieux .... Nom donné aux Bouddha.

Vijnâna .... Agrégat (ou groupe) des consciences. Les Bouddhistes distinguent six consciences, les cinq consciences des organes des sens (conscience visuelle, auditive, etc.) et la conscience mentale. Dans un sens général, le mot conscience est pris comme synonyme d'esprit et signifie donc la potentialité de connaître, le principe connaissant.

Vue .... Est employé dans les Ecritures bouddhistes dans le sens de thèse, doctrine, opinion.

TABLE

« *Spiritualités vivantes* »
Collection fondée par Jean Herbert

au format de poche

1. *La Bhagavad-Gitâ*, de Shrî AUROBINDO.
2. *Le Guide du Yoga*, de Shrî AUROBINDO.
3. *Les Yogas pratiques (Karma, Bhakti, Râja)*, de Swâmi VIVEKÂNANDA.
4. *La Pratique de la méditation*, de Swâmi SIVANANDA SARASVATI.
5. *Lettres à l'Ashram*, de GANDHI.
6. *Sâdhanâ*, de Rabindranâth TAGORE.
7. *Trois Upanishads (Ishâ, Kena, Mundaka)*, de Shrî AUROBINDO.
8. *Spiritualité hindoue*, de Jean HERBERT.
9. *Essais sur le Bouddhisme Zen*, première série, de Daizetz Teitaro SUSUKI.
10. — *Id.*, deuxième série.
11. — *Id.*, troisième série.
12. *Jnâna-Yoga*, de Swâmi VIVEKÂNANDA.
13. *L'Enseignement de Râmakrishna*, paroles groupées et annotées par Jean HERBERT.
14. *La Vie divine*, tome I, de Shrî AUROBINDO.
15. — *Id.*, tome II.
16. — *Id.*, tome III.
17. — *Id.*, tome IV.
18. *Carnet de pèlerinage*, de Swâmi RAMDAS.
19. *La Sagesse des Prophètes*, de Muhyi-d-dîn IBN 'ARABÎ.
20. *Le Chemin des Nuages blancs*, de ANAGARIKA GOVINDA.
21. *Les Fondements de la mystique tibétaine*, de ANAGARIKA GOVINDA.
22. *De la Grèce à l'Inde*, de Shrî AUROBINDO.
23. *La Mythologie hindoue, son message*, de Jean HERBERT.
24. *L'Enseignement de Mâ Ananda Moyî*, traduit par Josette HERBERT.

Nouvelles séries dirigées par
Marc de Smedt

25. *La Pratique du Zen*, de Taisen DESHIMARU.
26. *Bardo-Thödol. Le Livre tibétain des morts*, présenté par Lama ANAGARIKA GOVINDA.
27. *Macumba. Forces noires du Brésil*, de Serge BRAMLY.
28. *Carlos Castaneda. Ombres et lumières*, présenté par Daniel C. NOËL.
29. *Ashrams. Grands Maîtres de l'Inde*, de Arnaud DESJARDINS.
30. *L'Aube du Tantra*, de Chogyam TRUNGPA et H. V. GUENTHER.
31. *Yi King*, adapté par Sam REIFLER.
32. *La Voie de la perfection*, de BAHRÂM ELÂHI.
33. *Le Fou divin. L'enseignement secret d'un maître kurde en Iran*, de Drugpa KUNLEY.
34. *Santana, l'enseignement de Maître Goenka en Inde*, de Dominique GODRÈCHE.
35. *Dialogues avec Lanza del Vasto*, par René DOUMERC.
36. *Techniques de méditation et pratiques d'éveil*, de Marc de SMEDT.
37. *Le Livre des secrets*, de BHAGWAN SHREE RAJNEESH.
38. *Zen et arts martiaux*, de Taisen DESHIMARU.
39. *Traité des Cinq Roues (Gorin-no-Sho)*, de Miyamato MUSASHI.
40. *La Vie dans la vie. Pratique de la philosophie du sâmkhya d'après l'enseignement de Shrî Anirvân*, de Lizelle REYMOND.
41. *Satori. Dix ans d'expérience avec un Maître Zen*, de Jacques BROSSE.
42. *Discours et sermons*, de HOUEÏ-NÊNG, traduit par Lucien HOULNÉ.
43. *Tao Te King*, de Lao TSEU.
44. *Questions à un Maître Zen*, de Taisen DESHIMARU.
45. *Les Contes des arts martiaux*, recueillis par Pascal FAULIOT et présentés par Michel RANDOM.
46. *Essais sur les mystiques orientales*, de Daniel ODIER et Marc de SMEDT.
47. *Zen et vie quotidienne*, de Taisen DESHIMARU.
48. *Le Désert intérieur*, de Marie-Madeleine DAVY.
49. *La Sagesse de l'éveil*, textes présentés par Marc de SMEDT.
50. *L'Esprit guide, entretiens avec Karlfried Durckheim*, par Frantz WOERLY.
51. *Les Appeleurs d'âmes. L'Univers chamanique des Indiens des Andes*, de Sabine HARGOUS.
52. *Le Chemin de la Lumière, la Voie de Nur Ali Elâhi*, par BAHRÂM ELÂHI.
53. *L'Art de la réalisation*, de CHANDRA SWAMI.
54. *Le Trésor du Zen*, de Maître DOGEN, traduit et commenté par Taisen DESHIMARU.
55. *Aphorismes*, de Tchouang TSEU, présentés par Marc de SMEDT.
56. *L'Esprit caché de la liberté*, de Tarthang TULKU.
57. *Métanoia. Phénomènes physiques du mysticisme*, de Aimé MICHEL.
58. *L'Enseignement de Ramana Maharshi*, traduit par A. DUPUIS, A. PERRELI et J. HERBERT.

59. *Le bol et le bâton,* cent vingt contes Zen racontés par Maître Taïsen DESHIMARU.
60. *Traité de l'amour,* de Ibn 'ARABÎ, introduction, traduction de l'arabe et notes de Maurice GLOTON.
61. *L'Évangile de Thomas,* traduit et commenté par Jean-Yves LELOUP.
62. *L'Enseignement du Dalaï-Lama,* de Tenzin GYATSO, traduit par G. TULKU, G. DREYFUS et A. ANSERMET.
63. *La Montagne vide, anthologie de la poésie chinoise,* traduction de Patrick CARRÉ et Zéno BIANU.
64. *Mystères de la sagesse immobile,* de Maître TAKUAN, traduction et présentation de Maryse et Masumi SHIBATA.

La reproduction photomécanique
et l'impression de ce livre ont été effectuées
par l'imprimerie Bussière
pour les Éditions Albin Michel

Achevé d'imprimer en février 1987
N° d'édition 9696. N° d'impression 3184
Dépôt légal : mars 1987